햇살처럼 비켜오시는
사랑이신 분

바람 따라

이 바람 따라
흔들흔들
춤추듯 서 있는
이 자리가 행복입니다.

내 넋 따라
흥얼흥얼
노래하듯 떠도는
이 시간이 사랑입니다.

무엇을 더 바랄까요.
이 자리가, 이 시간이
행복이고, 사랑인데.

내가 뭘 더 바랄까요.

햇살처럼 비켜오시는
사랑이신 분

류해욱 신부 글
배영길 신부 그림

솔뫼학

추천사

이 글은 참 진정성이 있어, 아름다운 한 사제의 심연이 엿보입니다. 성경의 은유와 상징을 이 시대의 언어와 시적 문체로, 우리를 깊은 묵상으로 이끌어줍니다. 마치 길을 밝게 비추는 희망으로 따사로운 햇살과 같습니다. 이 시대의 살아 움틀거리는 내면의 은유와 상징은 첫 문장부터 저를 사로잡았습니다.

"깊은 물과 그물, 그리고 많은 물고기의 상징은 무엇입니까?라는 물음에 깊이 머물게 합니다. 내면과 영성에 대한 많은 책이 매년 쏟아져 나오지만, 정말 살아있는 느낌으로 깊이 있게 다가오는 책을 만나는 일은 흔치 않습니다. 그것은 오랜 투병 생활 안에서 깊어진 영성이 류 신부님 특유의 언어로, 깊고 아름답게 표현되어 마치 살아 움직이는 듯 울림을 주기 때문입니다.

제1부에서는 주님과의 동행을 그리고 있습니다. 특히, 욥

을 통해 죄는 신비라는 사실을 잊지 않게 해 달라는 기도는 절절합니다. 우리는 욥에게 인격적인 만남을 통해, 우리도 주님과 함께 걸으며 당신이 보여주시는 세상의 아름다움에 경도될 수 있어야 한다는 사실을 잊지 않게 해 달라는 청원은 아름답습니다.

류 신부님은 삶의 고통과 절망 안에서 다시 희망과 생명으로 걸어 나갈 수 있도록 우리 삶과 깊이 연관된 성경을 주님과의 내밀한 관계 안에서 끊임없이 묻고 고백합니다. 그런 방식으로 독자에게 울림을 주고 깨어 있게 합니다. 이 글을 읽으며 우리는 지식적 차원이 아니라, 마음의 신비 차원에서 그 의미를 깊이 있게 해 줍니다. 수많은 성경 속의 인물들, 예컨대, 시몬, 모세 사울, 다윗, 요나, 욥, 시몬, 요한, 마리아, 니코데모 등 이들이 주고받는 경쾌한 문답을 통해, 바로 우리의 모습을 비추어 보게 합니다.

류 신부님은 수도회 사제로서 내밀한 마음을 열어 주님께 보여줍니다. 신비와 경이로움의 은밀한 사원에서 묻고 경청하며, 고뇌하는 삶을 가슴 깊이 기도하는 진정성이 가슴 깊이 뭉클하게 합니다. 지금 우리가 찾고 있는 삶의 성실함이 바로 자기의 삶임을 내면 깊이 바라보게 합니다. 이 모든 것을 주님의 현존에 대한 확신과 생명력을 풀어내어 우리에게 들려주는 그의 기도에 깊이 머물게 합니다.

제2부에서는 슬픔과 고통. 죽은 이들의 절규, 근심을 기도하지 못하는 사람, 어떻게 기도해야 할지 모르는 사람들에게 도움이 되는 아름다운 기도문을 만들어 주는 형식으로 우리에게 도움을 주고 있습니다. 이 시적 형태의 기도문이 부디 독자들의 영혼 양식에 작은 밀알이 되리라 확신하며 기쁜 마음으로 추천합니다.

류분순 리나 교수

서문

이 책을 쓰게 된 동기는 제가 두 분의 저서를 번역한 바 있는데, 어느 날 문득 두 분의 저서에 영감을 받아, 주님께 기도드리는 형식으로 제 글로 집필하면 괜찮겠다는 생각이 들었습니다. 두 분은 다름 아닌 '아주 특별한 순간'의 안토니오 사지 신부님과 '햇살처럼 비켜오시는 당신'의 조만나스 신부님입니다.

처음 '아주 특별한 순간'의 안토니오 신부님을 만났을 때의 인상은 아직도 제 뇌리에 깊이 박혀 있습니다. 정말 젊고 눈이 반짝이는 그는 성령이 충만한, 아름다운 청년이었습니다. 저는 처음부터 "아, 이 사람이다. 정말 이 사람에게는 성령이 함께 하시는구나." 저는 그에게 놀랐고, 정말 그에게 반했습니다. 그로부터 계속 9년을 안토니오 신부님의 침묵 피정에 함께 했습니다. 그가 저의 영적 신부님이었던 것이지요.

그는 5년 동안 코로나로 인해 한국에 오지 못하게 되었습니다. 그동안 그를 못 만나는 것이 정말 얼마나 안타까웠는지 모릅니다. 그러다가 2024년 11월에 다시 한국에 오게 되었습니다. 드디어 저는 10번째 피정을 하게 되었습니다. 그는 이제 눈부시게 빛나던 그 청년이 아니고, 중후한 모습의 청장년이었습니다.

제가 처음 안토니오 신부님의 피정을 시작할 때는 '요셉 빌 신부의 침묵 치유 피정'이라는 이름이었습니다. 지금은 이미 선종하신 요셉 빌 신부라는 인도의 치유 은사로 유명한 신부님이 계셨답니다. 저도 그분이 한국에도 몇 번 오시어 피정하신 것으로 들었습니다. 제가 처음 피정에 갔을 때는, 이미 요셉 빌 신부님은 돌아가셨습니다.

제가 처음에 안토니오 신부님의 피정이 너무 좋아서, 노트에 필기한 것이 300쪽이 넘었지요. 그것을 책으로 묶은 것이 '아주 특별한 순간'이고요. 그 후 3년 동안 계속 신부님의 피정을 노트 필기를 했는데, 그만 그 원고를 모두 잃어버렸어요. 그것이 벌써 13년 전입니다. 5년 만에 그를 다시 만났을 때, 여전히 그의 눈빛은 살아있었습니다. 그의 변함없는 성령의 가르침을 따라, 원고 없이 쏟아내는 강의에 다시 한 번 매료되었습니다.

저는 그 피정에서 주님 안에서 좋은 쉼이 되고 몸과 마음이 치유될 수 있었습니다. 하여 그분의 강의를 다시 번역하게 되다가, 문득 저에게 이 번역을 주님께 드리는 기도문으로 다시 쓰면 좋겠다라는 생각이 들었습니다. 하여 기도문으로 만들었습니다. 비록 저의 보잘것없는 기도문이지만, 이 기도문이 독자 여러분에게 성 바오로의 표현대로, 주님 안에서 살고 움직이며 존재하기를 바랍니다.

오래전에 조 만나스 신부님의 '햇살처럼 비켜오시는 당신'을 번역한 바 있는데, 조 만나스 신부님의 글을 제 글로 다시 쓰면, 괜찮지 않을까?라는 생각이 들었습니다. 하여 그분에게 영감을 받아 기도문을 써 내려갔습니다. 두 분은 모두 인도 신부님입니다. 인도에는 특별한 영성이 살아있는 것 같습니다. 조 만나스 신부님은 하버드 대학교의 교수 신부로 명성이 높았습니다. 우연히 그를 만나게 되어 아주 가까운 친구가 되었습니다. 그는 제 영적 지도신부이기도 했습니다.

제가 이 책의 절반 가량은 안토니오 신부님에게 영향을 받아 쓴 글이고, 나머지는 조 만나스 신부님에게 영감을 받아 쓴 글입니다. 물론 제 독자적인 글도 있습니다. 이번에 이 글을 엮어 책으로 내면서, 저는 무척 조심스러울 수밖에 없습니다. 혹시라도 두 분에게 실례를 범한 것은 아닌가? 하는 염려 때문입니다. 이 책이 독자들에게 기도하는

데, 조금이라도 도움이 되기를 바라며, 이 글을 주님께 바칩니다.

이 책의 표지와 안의 삽화 부분은 배영길 신부님의 그림을 넣었습니다. 배영길 신부님은 25년 동안 매일 기도를 그림으로 옮기는 작업을 하고 있습니다. 배영길 신부님은 예수회뿐만 아니라 일반인에게도 아주 유명합니다. 이냐시오 성인의 영신수련을 바탕으로 한 관상과 묵상, 이 과정에서 얻은 성찰을 그림으로, 그리고 때로 짤막한 시를 붙여 하느님 현존 체험을 기록하고 있습니다. 그는 예수님의 강생에서 공생활, 파스카에 이르는 구원의 역사를 그림으로 표현하고 있습니다. 그는 우리 모두가 위로하고 격려하는 자로 부르심을 받은 존재임을 강조합니다.

추천사는 류분순 교수님이 써 주셨습니다. 그는 독자의 입장에서 저에게 조언을 해 주시곤 하는데, 그 조언이 저에게 크게 격려가 되어서 제가 이 책의 추천사를 부탁했습니다. 그는 음악, 그림, 무용, 연극 등의 예술을 통해 고객의 심리적 상태를 개선하는 치료적 활동을 주로 하는 최초의 무용 치료의 창시자인 분입니다.

그는 "가장 한국적인 것이 우리 것이다. 우리 정서에 맞는 무용 치료가 필요하다."라고 말하며 무용을 경험하면서 마음속 울림에 귀 기울이고 아픈 사람들의 몸짓언어를 읽고 마음부터 달래주는 역할을 합니다. 그의 자기 수련을 통해, 매 순간 살아있게 하는 것, 자연의 공간 안에서 잠시라도 머무는 것이, 제 기도와 맞물려 하나의 원을 그리게 된다고 합니다. 두 분, 배영길 신부님과 류분순 교수님에게 머리 숙여 인사를 드립니다.

목차

추천사   4
서문   7

1부 주님과의 동행 · 17

1.	깊은 물과 그물	19
2.	모세―사제	23
3.	남은 자―바로 우리	26
4.	주님과의 동행	29
5.	침묵 안에서 묵상	45
6.	사랑에 대해서	47
7.	침묵 속에서조차, 말씀하시는 분	53
8.	마음의 텅빈 공간	58
9.	왕―사울과 다윗	63
10.	우리 자신을 사랑하는 것	83
11.	주님의 은행―가난한 사람들	89
12.	믿음―보이지 않는 현실	95
13.	유혹 사화	105
14.	나뭇가지: 쓴 물이 단물로	118
15.	당나귀	125
16.	미래를 향해	132

17.	독수리의 날개로 날아올라야 하리라	137
18.	사무엘과 엘리	155
19.	주님 말씀의 의미	161
20.	쉐마: 들어라	167
21.	요나의 기적	178
22.	묵주기도	190
23.	요세피나 바키타	197
24.	믿음에 대한 열망	204
25.	탈렌트의 비유	211
26.	십일조	217
27.	열 처녀의 비유	220

2부 삶의 매 순간 아름다운 기도문 · 231

1.	빛과 희망	233
2.	삶의 끝자락에 서서	236
3.	가정을 위한 기도	241
4.	병자을 위한 기도	244
5.	당신 품에	246
6.	익살을 찾을 수 있는 지혜	249
7.	용서를 청하는 기도	251

8.	어머니의 기도	254
9.	우리에게 손을 놓는 법을 가르쳐 주십시오	257
10.	슬픔에 잠긴 사람의 기도	261
11.	가난한 사람들을 위한 기도	264
12.	주님과의 대화	270
13.	사랑하는 사람을 위한 기도	273
14.	죽은 이를 위한 기도	275
15.	치유의 기도	279
16.	배우는 자의 기도	283
17.	자유를 위한 기도	286
18.	기도할 마음이 내키지 않을 때	290
19.	축하의 기도	294
20.	이 세상만큼 넓은 마음을 위하여	296
21.	기쁨의 기도	298
22.	감사의 기도	301
23.	근심의 연원	305
24.	기도에 대한 응답이 없다고 느낄 때	308
25.	당신께 향하게 하는 열정	311
26.	용서하는 법을 배우기	316
27.	모든 선과 아름다운 것들	320
28.	뜨거운 감정의 언어	322
29.	격정의 파도 소리	325
30.	지식인을 위한 기도	329

31. 몸의 신비	334
32. 수험생 어머니의 기도	338
33. 주님의 기도―과거, 현재, 그리고 미래	341
34. 사랑	349
35. 콜베 신부님을 묵상하며 드리는 기도	351
36. 성령께 드리는 노래	354
37. 사람은 사랑한 만큼 산다	357

별처럼 달처럼

그대!
별처럼 맑게
희망 가득하소서.

그대!
달처럼 밝게
사랑 가득하소서.

나다

네가 사랑한다고
고백했던 나.
나다.

네가 아프게도
상처 줬던 나.
나다.

그런 너를
사랑하는 나.
나다.

그런 너와
함께 하고픈 나.
나다.

1부 주님과의 동행

1. 깊은 물과 그물

주님, 도와주십시오.
당신은 시몬과 동업자 야고보와 요한을 부르셨습니다.
주님께서 시몬에게 물으십니다.
"무엇을 좀 잡았느냐?"
시몬이 대답합니다.
"스승님, 저희가 밤새도록 애썼지만 한 마리도 잡지 못하였습니다.
그러나 스승님의 말씀대로 제가 그물을 내리겠습니다."

주님, 그 의미를 우리가 알게 듣게 도와주십시오.
주님이 말씀하시는 것을 깊이 묵상하도록 우리를 도와주십시오.
주님께서 시몬에게 이르셨습니다.
"깊은 물에 그물을 내려 고기를 잡아라."

주님, 시몬은 밤부터 아침까지 열심히 고기를 잡으려고 했습니다.
그러나 그들은 한 마리도 잡지 못하였습니다.

주님, 그들은 배를 저어 그물을 깊은 물에 내립니다.
'깊은 물'이 무엇을 상징하는지를 헤아리게 해 주십시오.
우리 마음의 깊은 곳입니까?
'그물'은 주님의 말씀입니까?
주님의 말씀이, 우리 내면 깊은 곳까지 닿도록 해야 합니까?
'많은 물고기'는 무엇을 상징합니까?
주님이 주시는 축복입니까?

주님, 그렇습니다.
주님의 말씀이 우리 안에 들어올 때, 축복이 풍성히 내립니다.
주님, 이 축복은 모든 사람을 위한 축복임을 우리가 잊지 않게 해 주십시오.
그것이 바로 그리스도인으로서 우리 사명입니다.
주님, 우리를 당신 사제로 부르셨습니다.
시몬이 주님께 대답하였습니다.
"스승님, 저희가 밤새도록 애썼지만 한 마리도 잡지 못하였습니다.

그러나 스승님의 말씀대로 제가 그물을 내리겠습니다."

주님, 그는 왜 한 마리도 잡지 못했습니까?

그는 '깊은 물'이 아니라 얕은 수면에서 일하였기 때문입니다.

주님, 우리는 그물을 깊은 물에 내려야 합니다.

주님, 우리 기도는 마치 베드로의 그물과 같습니다.

우리는 때로 얕은 물에 그물을 던집니다.

우리는 기도할 줄 안다고 생각합니다.

그러나 우리는 기실 기도할 줄 모릅니다.

주님께서 깊은 물에 그물을 치라 하시니, 말씀대로 치겠습니다.

주님, 우리는 당신 도움이 필요합니다.

우리는 빛을 비추어 줄 사람, 바로 당신의 도움이 필요합니다.

주님, 우리가 어떻게 완전하게 될 수 있습니까?

주님과 함께 모든 것이 가능합니다.

주님, 왜 그렇습니까?

당신 안에서 바로 은총이 작용하기 때문입니다.

베드로는 주님께 자신을 맡겨드렸습니다.

그러자 놀라운 일이 일어났습니다.
바로 이것이 기적입니다.
주님이 보여주시는 은총이 여기 있습니다.
주님께서 항상 먼저 시작하십니다.
주님께서는 우리가 자신을 드러내 보여주기를 기다리십니다.

주님, 사제가 누구입니까?
사제는 바로 '하느님과 사람 사이에 다리를 놓는 자'입니다.
사제는 하느님과 사람 사이에서,
자신을 사람들을 예물과 제물을 바치는 사람입니다.
사제는 바로 다른 사람들을 위해 존재합니다.
사제가 사람들을 위해 간구하면, 주님께서 마음을 돌리십니다.

주님, 당신께서는 우리를 자유롭게 할 수 있습니다.
주님께서는 우리 사제들이 필요합니다.
사제가 기도할 때, 주님께서 마음을 바꾸십니다.
주님, 우리가 '깊은 물'에 '그물'을 내리도록 도와주십시오.
주님, 우리가 그 '그물', 당신께 우리 마음을 드러내게 해 주십시오.
그때 주님의 축복이 풍성히 내릴 것입니다.

2. 모세-사제

주님께서 다시 모세에게 말씀하셨습니다.
"내가 이 백성을 보니, 참으로 목이 뻣뻣한 백성이다.
이제 너는 나를 말리지 마라.
그들에게 내 진노를 터트려 그들을 삼켜 버리게 하겠다."
모세가 주 그의 하느님께 애원하였습니다.
"주님, 어찌하여 당신께서는 큰 힘과 강한 손으로
이집트 땅에서 이끌어 내신 당신의 백성에게 진노를 터트리십니까?

주님, 당신은 타오르는 진노를 푸시고,
당신 백성에게 내리시려던 재앙을 거두어 주셨습니다.
주님, 당신께서 이스라엘을 이집트 종살이에서 해방해 주셨습니다.
모세가 주님께 간구하였습니다.

그는 백성을 위해 간구하였습니다.
모세는 사람들을 대신하여 주님께 감사와 찬미를 드리고 청했습니다.
또, 그는 주님의 이름은 영광을 받아 마땅하다고 상기시켜 드렸습니다.

주님, 이스라엘이 죄를 지었을 때 모세는 당신께 진노를 푸시고,
당신 백성에게 내리시려는 재앙을 거두어 달라고 청합니다.
그는 당신의 종,
아브라함과 이사악과 이스라엘을 기억해 달라고 청합니다.
그러자 주님께서 마음을 바꾸십니다.
주님께서 진노를 푸시고 재앙을 거두셨습니다.
모세의 중재 기도로 사람들이 용서와 축복을 받았습니다.
모세는 사제로 바로 주님의 약속이었습니다.

주님, 모세처럼 우리를 기도하는 사제가 되게 해 주십시오.
우리가 주님께 감사와 찬미를 드립니다.
우리가 주님께 영광을 드립니다.
주님, 우리가 우리의 믿음을 보시고 용서해 달라고 청하게 해 주십시오.

주님, 우리가 간절히 청하오니, 우리에게 자비를 베풀어 주십시오.
주님, 우리가 기도를 통해 모든 것을 되찾을 수 있게 해 주십시오.

주님, 우리가 깊은 물에 그물을 던지게 우리를 도와주십시오.
주님, 당신의 말씀이 깊은 곳을 어루만지도록 허락해 주십시오.
주님께서 말씀하십니다.
"나와 함께 모든 것이 가능하다."
주님, 지금이 바로 은총의 때입니다.
주님, 지금이 바로 기도할 시간입니다.

주님께서 우리에게 당신 자신을 보여주셨습니다.
이제 우리가 자신을 주님께 보여 드릴 시간입니다.
주님, 우리가 놀라운 기적을 보게 해 주십시오.
주님, 우리는 혼자가 아닙니다. 당신이 우리와 함께 계십니다.
성 바오로가 말했습니다.
"우리는 그분 안에 살고 움직이며 존재합니다."(사도 17, 28)
주님이 우리 삶의 모든 것이 되게 해 주십시오.

1부 주님과의 동행

3. 남은 자 - 바로 우리

주님, 이스라엘에는 '남은 자'들이 있었습니다.
그들은 메시아에 대한 희망을 저버리지 않고 있었습니다.
주님이 오셨을 당시, 많은 이스라엘 사람은 믿음을 저버렸습니다.
소수 이스라엘의 희망을 버리지 않은 '남은 자'들이 있었습니다.
주님께서는 그들을 잊지 않으셨습니다.
주님, 그들을 위해 이스라엘 전체에 축복이 내렸습니다.
주님, 이스라엘은 유배 생활을 해야 했습니다.
그들은 자신들이 저지른 악행 때문에 고통을 당해야 했습니다.
그들은 포로가 되었습니다.

주님, 이스라엘의 희망을 버리지 않은 '남은 자'들이 있었습니다.
주님, 우리가 바로 '남은 자'들입니다.
주님, 우리가 기도할 때, 우리는 혼자가 아닙니다.
우리는 교회와 함께 있습니다.
주님, 우리가 모세가 되기는 쉽지 않음을 잘 아니, 우리를 도와주십시오.
주님, 우리 혼자의 힘으로는 불가능하오니, 당신이 함께 해 주십시오.
주님, 우리가 기도 할 때, 인내를 지니고 기도하게 허락해 주십시오.
주님, 우리 기도가 씨앗이 되도록 도와주십시오.

주님께서 자캐오에게 말씀하셨습니다.
"자캐오야, 어서 내려오너라."
자캐오는 상징적으로 높은 나무 위에 올라가 있었습니다.
주님께서는 자캐오를 구원해 주시기 위해서 손을 내미셨습니다.
주님, 우리가 높은 나무에서는 떨어지기 전에 내려오게 해 주십시오.
주님, 씨앗이 싹이 터서 열매를 맺습니다.
주님, 많은 물고기가 그물에 걸렸습니다.

주님, 우리가 그 축복을 받게 도와주십시오.

함께 기뻐할 세상

파아란 하늘을
노래할 수 있다는
것만으로.

우리가 함께
여기에 있는
것만으로도.

행복입니다.

그리 고백하며
오늘을 시작합니다.

4. 주님과의 동행

주님, 어느 분이 나누신 말씀이 깊이 마음에 와닿았습니다.
그는 말했습니다.
"나뭇잎 하나에도 우주가 들어있는 것이 아닐까요?"
그는 가을에 떨어지는 나뭇잎을 바라보며 문득 그런 생각이 들었다고 하셨지요. 저는 이것이야말로 기가 막힌 깨달음이라고 생각했습니다.
주님, 욥기에는, 특히 38~42장에는 하느님, 인간,
세상의 모든 것이 다 들어있는 우주의 축소판이라는 생각이 듭니다.

주님, 욥기는 인생이 펼쳐지는 가운데,
그 안에 모든 물음이 담겨 있는 인생의 드라마입니다.
거기 인간이 풀지 못하는 문제,
인간이 계속 의문을 가지는 물음,

곧 왜 하느님께서는 무죄인 사람에게 벌을 주시는가?
라는 물음에 대한 답이 담겨 있습니다.
욥기는 말합니다.
"야훼께서 욥에게 폭풍 속에서 대답하셨다."(욥기 38, 1)
욥은 처음부터 끝까지 자신의 무고함과 성실함을 주장하였습니다,
그는 울고 절규하고 분노하였습니다.
그는 절망하고 영혼의 고뇌에 빠졌습니다.
그는 몸과 마음과 영혼이 모두 지칠 대로 지쳤습니다.
"왜 하느님은 아무 말씀도 하지 않으시는가?
이런 상황에서 침묵을 지키시다니,
이것은 부당한 것이 아닌가?"라고 묻습니다.

주님이 '폭풍 속에서' 대답하십니다.
욥기가 우리에게 들려주는 내용의 핵심이 이것입니다.
"주님이 말씀하신다."
주님은 당신 스스로 나타내 보이십니다.
'계시'라는 말이지요.
주님, 계시라는 말은 '휘장을 벗기다'라는 말에서 오는 것을 우리가 알게 해 주십시오.
폭풍은 하느님이 당신을 드러내는 적절한 배경입니다.

그분은 마음을 끌면서도 두려운 신비로 당신 자신을 드러내십니다.

야훼 하느님은 언약의 하느님, 말씀하시는 분이십니다.
이제 아브라함과 언약을 맺으신 자비로우신 약속의
하느님은 이제 욥에게 말씀하십니다.
그 돌보심과 변함없는 사랑, 약속의 하느님이
욥에게 말씀하시는 것입니다.
욥이 가장 두려워한 것은
하느님이 정말 자기를 버리셨는가?
라는 물음이었지요.

욥기는 우리에게 들려주지요.
"누우면 '언제 일어나려나?' 생각하지만 저녁은 깊어가고 새벽까지 뒤척거리기만 한다네. 내 살은 구더기와 흙먼지로 뒤덮이고 내 살갗은 갈아지고 곪아 흐른다네."(욥기 7, 1~3)
주님, 욥기에서 우리는 잠 못 들며 괴로워하던 우리 자신의 모습이 겹쳐집니다.
욥기는 우리에게 들려주지요.
"그분께서는 그 큰 힘으로 나와 대결하시려나?

아니, 나에게 관심이라도 두기만 하신다면.
그러면 올곧은 이는 그분과 소송을 할 수 있고
나는 내 재판관에게서 영원히 풀려나련마는.
그런데 동녘으로 가도 그분께서는 계시지 않고
서녘으로 가도 그분은 찾아낼 수가 없구료."(욥기 23, 8)
주님, 욥은 하느님이 어디 계시냐고 외칩니다.
"앞으로 가 보아도 계시지 않고 뒤를 돌아보아도 보이지 않는구나."
그는 침묵과 고독 속에서 하느님이 자기를 내버렸다고 생각하였습니다.
욥은 하느님이 욥의 믿음을 입증하고자 사탄과 내기를 하신 것을,
다시 말해 시험에 두신 것을 몰랐습니다.

주님, 욥은 바로 우리 자신입니다.
우리는 믿음의 여정을 걸어가지요.
믿음의 순례 여정이란 환히 보이는 길을 가는 여정이 아닙니다.
욥이 시련 속에, 어둠 속에 있어야 한다는 사실은 중요합니다.
그는 어둠 속에서도 신뢰를 잃지 않으려고 애쓰는,

우리 모두를 상징하고 있으니까요.
주님, 어둠과 하느님이 계시지 않는 것처럼 느껴지는 그런 때, 우리의 신앙을 시험받는 우리 모두에게 욥기 38장이 주는 확신은
'하느님이 말씀하신다.'라는 사실임을 잊지 않게 해 주십시오.
사실상, 하느님은 항상 욥과 함께 하셨습니다.

주님, 당신은 임마누엘임을 기억하게 해 주십시오.
처음부터 끝까지 함께 하시는 하느님이십니다,
주님, 이것이 성서 전체에서 가장 중요한 메시지임을 알게 해 주십시오.
여기서 가장 중요한 사실을 우리가 간과해서는 안 됩니다.
주님이 당신 자신을 우리에게 알리신다는 사실입니다.
당신은 인격적으로 우리를 만나 주시고, 우리에게 직접 말씀을 건네십니다.
욥기에서 주님은 욥에게 묻습니다.
"너는 평생에 아침에게 명령해 본 적이 있느냐?
새벽에게 그 자리를 지시해 본 적이 있느냐?
너는 바다의 원천까지 가 보고 심연의 밑바닥을 걸어 보았느냐?

죽음의 대문이 네게 드러난 적이 있으며
암흑의 대문을 네가 본 적이 있느냐?"

주님, 왜 하늘과 별과 짐승들에 대해 말씀하십니까?
대화가 이루어지는 것은 상대가 우리를 인격적으로 대할 때이지요.
주님이 직접 인격적으로 욥에게 말씀을 건네십니다.
주님께서는 마음속에 숨겨진 것도 아시는데,
그런 것을 알아채지 못하실 리 있겠습니까?
주님, 당신의 이 말씀은 욥의 무례함과 어리석음을 보여주심으로써
그를 부끄럽게 하려고 하시는 말씀이 아니라는 것을 알게 해 주십시오.
그 어조에는 부드러운 역설이 담겨 있습니다.
마치 초등학교 선생님이 아이에게 이해를 돕기 위해 묻는 물음과 같습니다. 주님은 폭풍우가 잠잠해지면서 욥에게 당신과 동행하도록 초대하십니다.
주님은 욥을 통해 말씀하십니다.
"너는 바위 산양이 해산하는 시간을 아느냐?
너는 말에게 힘을 넣어 줄 수 있느냐?"(욥기 39, 19)
마치 예수님께서 제자들에게 "들에 핀 꽃을 보아라."고 하

셨듯이
하느님은 욥에게 당신이 창조하신 세계의 아름다움과,
질서와 경이로움을 보라고 초대하십니다.
한 마디로 하느님은 "보고, 놀라워하라."라고 말씀하십니다.
"새벽별이 함께 노래하고 천사들이 나와서 합창을 부른다.
바다를 보라. 빗장을 놓은 것은 나였다.
빛의 전당, 비, 우박, 이것들을 보느냐?
나와 함께 돌아다니며 내가 지은 이 아름다운 세상을 즐기고,
그 모든 경이에 놀라라. 짐승들을 생각해 보아라!
어리석은 새, 타조를 보아라."

주님, 여기 당신의 놀라운 해학이 드러납니다.
주님은 유머가 풍부하신 분이십니다!
타조는 강함과 어리석음이 뒤섞인 역설을 보여주는,
욥의 모습이기도 합니다.
"매와 독수리, 갈기를 휘날리며 달리는 말을 보아라.
욥아, 나를 따라다니면서 이것들을 보아라. 보고 경탄하여라.
그것들을 즐기어라. 모든 피조물이 있는 그대로의 자기 자리에서 나,
야훼 하느님을 찬양하는 소리를 들어라."
주님, 당신께서는 새삼스럽게 세상의 모든 오묘한 신비를

보여주시면서,
욥에게 주의를 돌려 자신이 겪는 불행에 머물지 말고,
모든 것을 지으시고 생명을 주시는 하느님과의 관계 안에서
자신을 보도록 이끌어주십니다.
주님은 궁극적으로 물음을 던지십니다.
"너, 욥이 도대체 네가 누구냐?"
주님, 창세기에서 당신이 모든 것을 창조하시고, 보시니 좋았다고 했는데
이제 다시 그것을 상기시켜 주십니다.

주님, 당신과 인간이 다루시는 방법이 얼마나 다른지요!
세 친구는 모두 욥에게 설교하려고 했습니다.
그들의 말이 욥에게 위로가 되었습니까?
고뇌에 지친 사람에게 좋은 설교를 하거나
잘못된 행동을 꾸짖음으로써 도와 줄 수 있는 것이 아니지요.
주님은 함께 걸으면서 세상을 바라보도록 이끌어주십니다.
우리가 절망에 빠진 사람들에게 어떻게 해야 하는지 생각하게 합니다.

주님께서 욥에게 폭풍 속에서 말씀하셨습니다.
"사내답게 허리를 동여매어라.

너에게 물을 터이니 대답하여라.
네가 나의 공의마저 깨뜨리려느냐?
너 자신을 정당화하려고 나를 단죄하느냐?
네가 하느님 같은 팔을 지녔으며
그와 같은 소리로 천둥 칠 수 있느냐?
존귀와 엄위로 꾸미고
존엄과 영화로 옷을 입어 보아라.
너의 그 격렬한 분노를 쏟아부어라.
교만한 자는 누구든 살펴 그를 낮추어 보아라.
교만한 자는 누구든 살펴 그를 꺾고
악인들을 그 자리에서 짓밟아 보아라.(욥기 40, 6~12)

주님께서 욥에게 하신 말씀의 핵심입니다.
욥은 하느님에 대해 새롭게 배우고 있습니다.
주님, 당신은 '하느님 위의 하느님'이심을 새롭게 배웁니다.
당신은 우리의 논리로 다 알아들을 수 있는 분이 아닙니다.
프랑스의 유명한 철학자, 파스칼은,
예수 그리스도의 인격 안에 '감추어지신' 하느님을 체험하였습니다.
그것은 그의 미래에 있는 모든 삶을 새롭게 이끌어 간,
빛의 순간이었다고 회고합니다.

주님, 그의 체험을 담은 양피지 한 조각이
사후에 그가 입었던 옷에서 발견되었습니다.
그것은 이렇게 시작됩니다.
"철학자들과 학자들의 하느님이 아니라
'아브라함의 하느님, 이사악의 하느님, 야곱의 하느님'
확신. 확신. 마음 깊은 곳으로부터 우러나오는 기쁨과 평화.
예수 그리스도의 하느님, 예수 그리스도의 하느님,
나의 하느님이자 당신의 하느님."

주님, 파스칼은 철학적인 논증의 결론으로 얻은 하느님이 아니라
욥처럼 인격적인 만남을 통해서 자신을 알리시는 당신을 체험하였습니다.
주님, 우리가 욥기는 단지 이성만으로는
당신의 방식을 이해할 수 없다는 사실을 일깨워 주십시오.
당신은 논리적인 증명을 통해 자신을 알리시지 않습니다.

주님, 당신은 자비로운 인격적인 만남을 통해 자신을 알린다는 것을
우리가 알게 해 주십시오.
당신은 우리에게 인격적인 응답을 하도록 초대하십니다.

주님, 세상에는 답이 존재하지 않는 문제들이 있다는 것을 알게 해 주십시오. 당신은 인간의 논리로 풀 수 없는 문제들이 있다는 사실을 알게 해 주십시오. 당신은 '놀라우신 하느님'이심을 알게 해 주십시오.

주님, 당신은 때로 자신의 부재를 통해 당신 자신을 알리시는

감추어진 하느님이시기도 합니다.

주님, 욥은 바로 우리 자신입니다.
당신은 욥기에서 우리가 살아 계신 하느님, 우리의 모든 논리적인 결함,
온갖 의문과 불합리한 삶, 그리고 갈등하는 신앙을 가지고,
그분이 이끄시는 빛 가운데 살도록 우리를 초대합니다.
욥은 하느님의 말씀을 듣습니다. 그리고 부복합니다.
"저는 알았습니다. 당신께서는 모든 것을 하실 수 있음을,
당신께는 어떠한 일도 불가능하지 않음을!
당신께서는 '지각없이 내 뜻을 가리는 이자는 누구냐?' 하셨습니다.

주님, 그렇습니다.
저에게는 너무나 신비로워 알지 못하는 일들을

저는 이해하지도 못한 채 말하였습니다.
당신께서는 '이제 들어라.' 하셨습니다.
당신에 대하여 귀로만 들어왔던 이 몸, 이제는 제 눈이 당신을 뵈었습니다.
저 자신을 부끄럽게 역기며 먼지와 잿더미에 앉아 참회합니다."(욥기 42, 2~6)

주님, 욥이 겸손한 마음으로 공손하게 대답하고 있습니다.
당신의 부드러운 음성이 그에게 진정한 가르침을 주었습니다.
욥은 이제 앞에서 자기가 했던 말을 부끄러워하고 있습니다.
그 안에서 진정한 회심이 이루어지고 있습니다.
그가 죄를 지었기 때문이 아닙니다.
친구 소바르가 그에게 자네가 모르는 죄가 있을 것이니
회개해야 한다고 충고했습니다.
그런데, 그런 회개가 아닙니다.
그는 없는 죄를 만들어서 회개하는 것이 아닙니다.

주님, 욥은 친구의 충고가 아니라, 하느님을 만남으로 겸손해졌습니다.
자비로우신 당신과의 만남, 인격적인 만남을 통해

겸손히 머리를 숙이고 있습니다.
엘리바즈와 다른 두 친구, 빌닷과 소바르는
야훼 하느님의 책망을 받았습니다.
주님, 왜 그렇습니까?
엘리바즈는 철학자, 빌닷은 신학자,
소바르는 회개를 촉구하는 종교인을 대표합니다.
당신은 엘리바즈처럼 철학자의 하느님도, 빌닷처럼 학자들의 하느님도,
소바르처럼 종교인의 하느님도 아니라
살아 계신 인격적인 만남의 하느님,
자비의 하느님, 위로의 하느님이시기 때문입니다.
아무도 그 인격적인 자비의 하느님을 전하지 못했습니다.
살아 계신 하느님 야훼, 당신이 직접 나타나셔야 했습니다.

주님, 나뭇잎 하나에도 우주가 담겨 있습니다.
우리는 세상을 다 알지 못합니다.
욥은 아무것도 모르는 채,
하느님의 계획안에 들어갔습니다.
우리 삶 안에는 하느님의 신비 가운데 맡겨야 하는
수수께끼와 불확실하고 애매모호한 일이 있습니다.
우리는 신비를 그저 신비로 받아들여야 하며, 그냥 놀라면

됩니다.

주님, 욥은 바로 우리 자신입니다.
욥은 우리와 같은 한 사람의 신앙인입니다.
우리도 욥처럼 어둠 속에 있을 때에도
주님이 우리의 믿음을 깊여 주시도록 기도하게 해 주십시오.
우리는 하느님의 사람, 욥이 고통을 당한다는 사실을 보았습니다.
주님, 우리도 그렇습니다.
그 고통을 보고 우리는 그 사람의 행과 불행을 판단하지 말게 해 주십시오.
주님, 욥의 세 친구의 잘못이 무엇입니까?
그들은 자기들의 이론에 욥의 불행을 짜맞추어 놓고 설교하려고 했습니다.
우리는 그런 잘못을 저지르지 말아야 합니다.
욥의 친구인 그들은 그냥 욥의 이야기를 들어주고 함께 있어야 했습니다.

주님, 우리가 사목자로서 늘 조심해야 하게 해 주십시오.
우리가 쉽게 가르치려고 하지 않게 해 주십시오.
우리가 죄에 대해 바른 이해가 있게 해 주십시오.

주님, 죄는 신비라는 사실을 잊지 않게 해 주십시오.
우리는 당신이 욥에게 인격적인 만남을 통해,
어떻게 자비를 보이시는지를 잘 보게 해 주십시오.
주님, 우리도 당신과 함께 걸으며 당신이 보여주시는
세상의 아름다움에 경도될 수 있어야 한다는 사실을 잊지
않게 해 주십시오.

주님, 당신이 지으신 아름다운 세상에서
소풍을 하면서 즐길 수 있을 때만이
우리가 고통이 있을지라도 진정한 행복을 누릴 수 있음을
알게 해 주십시오.
주님, 누구의 삶이든지 거기에는 고통이 있습니다.
왜냐고 지금 묻지 말고, 그 고통은 삶의 과정이라는 사실을 알게 해 주십시오.
주님, 욥은 고통의 깊은 곳에서 당신을 만남으로써
그는 용기를 얻을 수 있었습니다.
우리 모두가 욥입니다.
주님, 우리가 때로 삶 한 가운데서
"하느님이 어디 계시는가? 앞을 보아도 뒤를 돌아보아도 보이지 않네."
라고 뇌이지만 그분이 우리와 함께 계십니다.

그것이 바로 욥기가 주는 메시지의 핵심이라는 사실을 깨닫게 해 주십시오.
주님, 오늘 욥기의 마무리로 인디언들이 읊은 시를 들려드리겠습니다.

"우리는 영원히 행복하리.
아무도 우리의 행복을 빼앗지 못할 것이니
우리는 우리 앞에 놓여 있는 아름다움과 함께 이 땅을 걸으리라.
우리는 우리 뒤에 있는 아름다움과 함께 걸으리라.
우리는 우리 주위에 펼쳐있는 아름다움과 함께 걸으리라.
우리는 우리 위에 있는 아름다움과 함께 걸으리라.
우리는 우리 아래에 보이는 아름다움과 함께 걸으리라."

5. 침묵 안에서 묵상

주님, 왜 침묵이 중요합니까?
주님, 침묵 안에서 주님과 함께 있기 때문임을 알게 해 주십시오.
주님과 함께 있으며, 묵상한 것을 우리가 잊지 않게 해 주십시오.
주님, 이스라엘에 만나가 풍성하게 내렸습니다.
그들은 거두어서 바로 먹어야 했습니다.
하루가 지나면 녹아 없어져 버렸습니다.
그것은 내일을 위해 저장이 되지 않았기 때문입니다.

주님, 만나는 내일 다시 내려 주실 것입니다.
주님, 우리가 내일은 온전히 주님께 의탁하게 해 주십시오.
주님의 말씀은 마치 만나와 같습니다.
주님의 말씀은 듣고, 안으로 받아들여 소화해야 합니다.

주님, 침묵 안에서 묵상하게 해 주십시오.
주님, 그 말씀의 강렬함이 곧 사라지고 말게 해 주십시오.

우리 마음이

우리의 마음이
저 하늘에
곱게 수놓아질 수 있다면.

우리의 사랑이
이 세상에
곱게 퍼져 갈 수 있다면.

우리의 웃음이
저 하늘에
저 땅끝까지
울려 갈 수 있다면.

참 좋겠습니다.

6. 사랑에 대해서

주님, 왜 성경이 중요합니까?
그것은 성령의 힘으로 가득 차 있기 때문입니다.
이것은 성 아우구스티누스의 말이기도 합니다.
주님, 당신의 말씀을 들을 때, 우리가 온 마음을 모으게 해 주십시오.
우리가 성경을 읽을 때,
주님, 우리는 당신이 직접 말씀하시는 것을 듣는 것처럼 해 주십시오.
주님께서는 현재, 과거, 미래가 같으신 분입니다.
당신께서는 알파요 오메가인 분입니다.
당신께서는 시작이요, 마침인 분이십니다.

주님, 우리가 어떤 믿음을 지니기를 원하십니까?
믿음은 거짓 희망이 아닌, 진리에 바탕을 두어야 합니다.

우리의 믿음은 단단한 증거가 있어야 합니다.
주님, 무엇이 증거입니까?
바로 성경입니다.
성경은 결코 거짓된 희망을 주지 않습니다.
주님, 무엇이 우리 믿음의 증거입니까?
바로 성경입니다.
주님, 우리는 당신 교회의 제자들입니다.
우리가 어떻게 완전하게 될 수 있는가를 배웁니다.
주님, 왜 그렇습니까?
그것은 우리가 완전하지 않기 때문입니다.

주님께서 말씀하셨습니다.
"하느님께서 완전하신 것처럼 너희도 완전하게 되어라."
주님, 무엇에 대해 완전한 것을 말합니까?
바로 사랑에 대해서입니다.
주님, 사랑에 대해 더 완전해지기 위해서, 성령께서 우리를 도와주십시오.
히브리서는 우리에게 들려줍니다.
"사실 하느님의 말씀은 살아있고 힘이 있으며 어떤 쌍날칼보다도 날카롭습니다. 그래서 사람 속을 꿰찔러 혼과 영을 가르고 관절과 골수를 갈라, 마음의 생각과 속셈을 가려냅

니다."(히브 4, 12)
주님의 말씀을 전하는 사람도, 듣는 사람도 똑같이 치유를 받습니다.

주님, 우리가 피정을 통해 강론하지 않았다면,
우리는 많은 것을 놓쳤을 것입니다.
주님의 말씀이 우리를 사도로, 제자로 살게 해 주었습니다.
성 빈센트가 말했습니다.
"강론의 첫 열매는 바로 자신이어야 한다."
히브리서가 전하는 것처럼, 주님의 말씀은 살아있고 힘이 있으며,
어떤 쌍날칼보다도 날카롭습니다.
주님도 바리사이들을 회심시키지 못하셨습니다.
그들은 마치 물속의 돌 같은 사람들입니다.
그들은 주님을 만났지만, 빈손으로 돌아갔습니다.

주님, 우리는 머리가 아닌, 가슴을 채우게 해 주십시오.
주님, 어떻게 우리 가슴을 채울 수 있습니까?
주님만이 우리의 가슴을 채울 수 있습니다.
주님, 그것을 위해 묵상이 필요하다는 것을 알게 해 주십시오.

침묵 안에서 당신과 함께 머무르는 시간이 필요합니다.
많은 교부가 들려줍니다.
"마음의 침묵 중에 하느님께서 말씀하신다."
성경은 사용하지 않으면 아무 소용이 없습니다.
우리가 성경을 잘 읽는 것과 묵상하는 것이 더 중요합니다.

주님, 당신께서 어떻게 성경을 묵상하고 이해할 수 있는지를 가르쳐 주십시오.
묵주로 기도하는 것이 중요하지,
다만 지니고 있는 것은 아무 의미가 없습니다.
그리스도인들이 메달이나 십자가를 왜 지닙니까?
주님의 현존을 일깨우기 위해서입니다.
아모스는 주님 말씀을 듣지 못하는 굶주림에 대해 들려줍니다.
사람들이 만족하지 않습니다.

주님, 왜 그렇습니까?
주님의 말씀에 굶주려 있기 때문입니다.
성 예로니모가 말했습니다.
"성경을 경시하는 것은 예수님을 경시하는 것이다."
성경을 알지 못하면 주님을 알지 못하는 것입니다.

성경이 바로 주님의 말씀입니다.
요한복음 사가가 말했습니다.
"예수님께서 하신 일은 이 밖에도 많이 있다. 그래서 그것을 낱낱이 기록하면, 온 세상이라도 그렇게 기록된 책들을 다 담아 내지 못하리라고 나는 생각한다."(요한 21, 25)

주님, 당신의 말씀은 성경을 넘어서는 큰 것임을 우리가 알게 해 주십시오.
주님, 우리가 어떻게 믿음을 얻고 성장시켜야 합니까?
주님, 믿음은 우리의 것이 아닙니다.
믿음은 세대에서 세대에 걸쳐 우리에게까지 전해져 왔습니다.
우리가 믿음을 어떻게 이해할 수 있습니까?
주님의 말씀이 성경보다 더 큰 것이라면,
주님은 다른 여러 가지 방법으로 당신 자신을 계시하실 것입니다.
아시씨의 성 프란치스코는 자연을 통해 하느님을 만났습니다.
구약 시대에는 예언자들이 있었습니다.
신약에 와서 그리스도의 강생이 있었습니다.

주님, 교회의 가르침을 통해서도 당신 자신을 드러내 보여 주십시오.
이 모든 것이 하나로 모아집니다.
어떤 사람들은 성경을 지식을 얻기 위해 읽습니다.
성경을 더 깊이 읽게 되면, 주님을 경험하게 됩니다.
주님, 그 경험이 구원으로 이끌게 해 주십시오.
주님, 이제 주님의 말씀이 각 사람에게,
어떻게 영향을 미칠 수 있는지를 볼 수 있게 해 주십시오.
주님, 성경에서 등장하는 인물에게서,
우리 자신도 치유 받기를 원하게 도와주십시오.

주님에게서 치유를 받는 나병환자가 느끼는 그 기쁨을,
우리도 느끼게 해 주십시오.
주님, 우리도 앉은뱅이는 걷고 싶은 열망을 느끼듯이,
우리도 느끼게 해 주십시오.
주님, 간음하다 현장에서 잡힌 여자에게서 느끼는 위로를,
우리도 느끼게 해 주십시오.
주님, 우리는 성령을 통해 지금도 생생하게,
그 말씀이 살아 움직이면서 깊은 위안을 받게 해 주십시오.

7. 침묵 속에서조차, 말씀하시는 분

주님, 우리가 어떻게 성경을 읽고, 거기서 이익을 얻을 수 있습니까?
주님, 성경을 우리 삶에 유용하게 적용할 수 있습니까?
성경을 받아들이기 이전에 우리 문화가 있었습니다.
그렇다면 성경이 문화와 관련하여 어떤 의미를 지니고 있습니까?
주님, 성경은 문화 안에 있는 것을,
정화하는 역할을 한다는 것을 깨닫게 해 주십시오.
주님, 우리가 문화 안에 녹아 있는 것을 새롭게 정화하게 해 주십시오.
그렇습니다.
성경은 문화를 온전히 정화시켜 줍니다.

주님, 성경이 우리 삶의 곳곳에 닿도록 해 주십시오.

주님, 성경으로부터 주님의 응답을 믿게 해 주십시오.
우리는 나름대로 소망을 지니고 있습니다.
우리는 저마다 어떤 것을 이루고자 하는 열망을 지니고 있습니다.
주님, 성경이 그들이 지닌 소망에 빛을 비추어 주게 해 주십시오.
주님, 성경이 빛으로서 온다는 것을 깨닫게 해 주십시오.
시편은 말합니다.
"당신 말씀은 제 발에 등불, 저의 길에 빛입니다."(시편 119, 105)

주님, 성경이 우리의 소망에 빛을 비추는 역할을 하게 해 주십시오.
주님, 우리가 성경에 가까이 다가가서 그 빛을 받을 때,
그 빛이 우리를 정화하게 해 주십시오.
성 보나벤투라가 말했습니다.
"우리 열망은 하느님의 말씀에 의해 이루어진다."
주님, 우리는 성경을 읽을 때, 이미 답을 얻었다고 느끼면서 깊은 신뢰를 지니고 읽게 해 주십시오.
주님, 우리는 때로 왜 주님께서 침묵을 지키시고 응답하지 않으시는가?

라는 물음을 던집니다.

주님께서 결코, 침묵하시는 것이 아닙니다.
침묵하시는 것처럼 느껴지는 그 침묵 속에서조차,
주님께서는 말씀하시는 분이십니다.
주님, 당신은 우리에게 말씀을 건네시는 분이십니다.
우리가 주님께 기도를 드리지만,
때로 주님께서 침묵하시는 것처럼 느껴집니다.
주님께서는 침묵 속에서 대답하십니다.
"왜 나에게 물음을 던지는가? 답은 성경 안에 있다.
성경을 읽어라. 그 책을 잘 활용하여라.
거기 있는 나의 말이 너희를 보호할 것이다."
주님은 성경을 통해 우리에게 말씀하십니다.

주님, 우리가 성경을 어떻게 읽어야 합니까?
주님, 우리는 당신의 말을 사용하여 대화하는 법을 배우게 해 주십시오.
주님, 우리에게 어린아이의 정신이 필요하다는 것을 알게 해 주십시오.
주님, 당신은 말씀하셨습니다.
"나는 마음이 온유하고 겸손하니 내 멍에를 메고 나에게 배워라."
주님, 성경은 우리 삶의 기초가 된다는 것을 알게 해 주십시오.
주님, 우리가 주님께서 성경이라는 책 안에 갇혀 계시는 분은 아니시지만,
성경은 당신을 알고,
우리 삶을 아는 기초가 된다는 것을 알게 해 주십시오.
주님, 우리가 삶을 이해하는 폭이 넓어지고
삶에서 진정한 의미를 찾게 해 주십시오.

주님, 당신은 매일 아침 기도 안에서 아버지와 만나셨습니다.
주님, 당신은 아버지에게서 힘을 받아
하느님 나라를 선포하고 가르치셨습니다.
저녁에는 다시 아버지께 돌아와서 함께 머무셨습니다.
그리고 다음 날, 다른 곳으로 나가셨습니다.
주님, 우리도 당신과 함께 하루를 시작하고 마치도록 해 주십시오.
주님, 우리가 받은 메시지를 나누기 위해,
세상 안으로 나가도록 해 주십시오.

주님, 우리는 다시 성경으로 돌아와야 한다는 것을,

깨닫게 해 주십시오.
주님, 미사가 하루일과에서 가장 중요하다는 깨닫게 해 주십시오.
주님, 미사에서 우리 영혼의 배터리를 재충전시키게 해 주십시오.
주님의 말씀을 듣고,
성찬례를 하는 것이 가장 기본이라는 것을 깨닫게 해 주십시오.
주님께서는 "나에게 와서, 배워라."라고 말씀하셨습니다.
그리고 "나를 기억하여 이를 행하여라."라고 하셨습니다.
주님에게서 무엇을 배웠든지, 그것을 행하게 해 주십시오.

주님, 시편은 우리에게 들려줍니다.
"주님, 당신 법령의 길을 저에게 가르치소서."
주님, 우리가 성경을 보물처럼 간직하게 해 주십시오.
주님, 우리가 우리 역할이 무엇인지를 깨닫게 해 주십시오.
주님, 우리가 아이들의 마음에 씨앗을 심어주게 해 주십시오.
주님, 우리가 하는 행동, 기도가 열매를 맺게 해 주십시오.

8. 마음의 텅빈 공간

주님, 우리가 텅 빈 상태에 있지 않게 해 주십시오.
주님, 모든 유혹에서 자유롭게 되게 해 주십시오.
요한 복음서를 통해 당신은 우리에게 들려주십니다.
"도둑은 다만 훔치고 죽이고 멸망시키려고 올 뿐이다.
그러나 나는 양들이 생명을 얻고 또 얻어 넘치게 하려고
왔다."(요한 10, 10)
주님, 그렇습니다.
주님, 당신은 우리 생명을 얻어 누리고 풍성하게 해 주십시오.
주님, 당신은 완전한 사랑으로 생명을 얻게 해 알게 해 주십시오.

주님, 당신은 우리의 빈자리를 완전한 사랑을 알게 해 주십시오.

우리가 아무 문제가 없을 때는 악이 들어서지 못합니다.
우리에게 조금 문제가 일어나고 빈자리가 생기면, 그 자리에 악이 파고듭니다.
우리에게 유혹이 찾아옵니다.
주님, 악이 어떻게 빈 공간에 파고드는지를 우리가 잘 보게 해 주십시오.
주님, 수도 공동체에서 우리를 저버린다고 느끼지 않게 해 주십시오.
주님, 우리 마음에 텅 빈 공간이 생기지 않게 해 주십시오.
주님, 우리의 빈 자리에 악이 공격해 오지 않게 해 주십시오.

주님, 성경이 우리에게 어떻게 기도해야 하는지,
어떻게 축복을 나누어야 하는지를 우리가 알게 해 주십시오.
성경의 말씀에 귀를 기울이면, 우리 삶이 풍성해집니다.
그러면 악이 파고들 여지가 없습니다.
우리가 때로 친구들의 말을 듣고 그 말에 현혹되면,
우리 마음이 텅 비게 되고, 악이 침투해 들어옵니다.

주님, 우리가 유혹을 느낄 때,
성경을 통해 주님의 말씀을 듣게 해 주십시오.
시편은 우리에게 들려줍니다.

"하느님, 깨끗한 마음을 제게 만들어 주시고
굳건한 영을 제 안에 새롭게 하소서."(시편 51, 12)
주님, 우리가 이 기도를 계속하도록 도와주십시오.
주님, 우리가 마음의 순결을 잃어버릴 때,
악이 공격해 온다는 것을 우리가 잊지 않게 해 주십시오.

주님, 당신의 말씀은 약효가 있습니다.
우리 육체적, 정신적, 심리적 병을 치유할 수 있는 약효가 있습니다.
주님, 우리가 주님의 말씀에 "예"라고 응답하게 해 주십시오.
주님, 우리가 성모님의 모범을 따라야 한다는 것을
잊지 않게 해 주십시오.
주님, 우리가 왜 성경을 읽습니까?
그것은 바로 우리의 사랑을 위해서입니다.

주님, 우리는 성경을 읽으면서
사랑의 특성이 무엇인지를 알게 해 주십시오.
시편을 노래합니다.
"우러러 당신의 하늘을 바라봅니다.
당신 손가락의 작품들을,
당신께서 굳건히 세우신 달과 별들을.

인간이 무엇이기에 이토록 기억하십니까?
사람이 무엇이기에 이토록 돌보아 주십니까?"(시편 8, 4~5)

주님, 당신께서는 "내 손바닥에 너희의 이름이 새겨져 있다."
라고 말씀하십니다.
주님, 우리는 당신께 아주 소중한 존재임을 알게 해 주십시오.
요한복음서는 우리에게 들려줍니다.
"너희 가운데 죄 없는 사람이 먼저 저 여자에게 돌을 던져라."(요한 8, 2)
그러자 나이 많은 자들로부터 시작하여 하나씩 떠나갔습니다.
그들은 아무도 돌을 던지지 않았습니다.
주님 앞에 아무 소리도 낼 수 없는 여인이 있습니다.
모두가 떠났을 때, 그 여자의 앞에 주님만 있습니다.
어느 영성가가 이 사건을 놓고 여인의 입장에서 말했습니다.
"다른 사람들은 모두 자신들을 위해 나를 사랑했습니다.
그러나 당신은 나를 위해, 나 자신을 위해 사랑했습니다."

주님, 사람들이 사랑이라는 이름으로 어떤 짓을 하는지를
보십시오.

그들은 자신의 이익을 위해 사랑하는 척하는 것입니다.

주님, 당신은 우리를 위해 우리를 사랑하신다는 것을 알게 해 주십시오.

주님께서 말씀하셨습니다.

"모든 것이 사라져도 내 말은 사라지지 않을 것이다."

주님, 우리가 당신을 따르고 당신에게 가서 배우게 해 주십시오.

주님, 당신의 말씀을 따르면 우리 삶이 풍요롭게 될 것입니다.

9. 왕-사울과 다윗

주님, 성경은 모두 사랑에 관한 이야기입니다.
주님, 성경에 나타난 사랑에 관한 이야기를
우리 삶에 그대로 적용하게 해 주십시오.
주님, 그들이 우리에게 무슨 말을 건네는지를 잘 살펴보게
해 주십시오.
주님, 성경 안에 얼마나 많은 인물이 등장합니까?
아담과 에와로부터 시작하여
아브라함, 이사악, 요셉, 수많은 예언자가 있고,
신약에서 예수님, 사도들, 제자들, 자케오, 사마리아 여인
등등.
주님, 각각의 사람들이 우리에게 하느님에 대해 가르쳐 줍
니다.

주님, 사울은 첫 번째 도유 받은 왕입니다.

그는 벤야민 지파 출신입니다.
힘센 용사였던 키스의 아들로 이스라엘의 첫 임금이 됩니다.
그는 아버지의 나귀를 돌보는 일을 하였습니다,
그는 키가 큰 사람이었고, 아주 잘생긴 소년이었습니다.
모든 여인이 그를 사모했습니다.

주님, 다윗은 두 번째 도유 받은 왕입니다.
그는 유다 지파 출신입니다.
그는 이사이의 아들로 양떼를 치는 사람입니다.
그는 음악가이며 잘 생겼습니다.
이스라엘의 여인들이 흠모했습니다.
여인들이 사울은 수천을 치고,
다윗은 수만을 쳤다고 노래를 주고받았습니다.

주님, 우리가 두 사람이 왕이 되는 배경을 잘 살펴보게 해 주십시오.
주님께서 이스라엘 백성을 이집트의 종살이에서 해방해 주셨습니다.
모세를 통해 탈출하게 해 주셨으나 그들은 만족하지 못했습니다.
그들은 자기들에게 왕을 달라고 했습니다.

왕이 있으면, 나라가 부강하게 되리라고 그들은 생각했습니다.
사무엘이 판관으로서 이스라엘을 다스리다가 나이가 많아지자,
자기 아들들을 이스라엘의 판관을 내세웠습니다.

주님, 그들은 그의 길을 따라 걷지 못하고 잘못 다스렸습니다.
그러자 이스라엘의 원로들이 사무엘을 찾아가,
통치할 임금을 세워달라고 청합니다.
백성들이 왕을 달라고 외치자, 사무엘은 주님께 기도하였습니다.
주님이 그들의 말을 들어주라고 합니다.
주님, 사울은 아버지 키스가 사랑하는 아들입니다.
주님, 누가 하느님의 사람입니까?
그는 바로 사무엘입니다.
주님께서 사울이 오기 하루 전에 사무엘에게 귀를 열어 일러 줍니다.
"내일 내가 벤야민 땅에서 온 사람을 보내니,
그에게 도유하고 백성의 영도자로 세워라."

주님, 사울이 사무엘을 찾아가서 만납니다.

주님, 사무엘은 사울이 마음에 두고 있던 나귀들은 이미 찾았으니,
더 이상 마음을 쓰지 말라고 말해줍니다.
사무엘은 자기와 함께 머무르라고 말합니다.
사울은 자기는 가장 작은 벤야민 지파 사람이고,
그중에서도 보잘것없는 가문이라고 하며 믿지 못합니다.
사무엘은 사울에게 종을 먼저 보내라고 하고, 하느님의 말씀을 들려줍니다.
사울은 놀랐고, 자기는 이스라엘 지파에서 가장 작은 벤야민 지파 사람이고,
그중에서도 보잘것없는 가문이며, 단지 가난한 사람이라고 하며,
어떻게 왕이 될 수 있느냐고 묻습니다.
사무엘이 대답합니다.
하느님의 영이 함께 계시면 모든 일이 가능합니다.
주님, 그가 기름 부음을 받았을 때,
세 가지 아름다운 것을 선물로 받았습니다.

주님, 첫째로 그는 기름을 부음을 받았습니다.
그는 기름 부음은 바로 왕권을 말합니다.
왕권을 부여받았습니다.

주님, 둘째로 그는 성령을 받았습니다.
주님, 셋째로 그는 새로운 마음을 받았습니다.
그는 이렇게 '기름 부음'으로 세 가지 선물을 받은 것입니다.

주님, 보십시오.
주님께서 사람을 뽑으실 때, 그에게 선물을 주십니다.
그를 새롭게 해 주십니다. 사울이 받은 것을 우리도 받습니다.
주님, 우리가 세례를 받을 때, 우리는 당신의 왕권에 동참합니다.
주님, 견진성사를 통해서 성령을 받습니다. 바로 성령께서 활동하십니다.
사울이 사무엘을 통해 받은 것을 오늘날 우리는 교회를 통해 받습니다.

주님, 사울은 왕이 되자, 정작 선물을 주신 당신을 잊어버립니다.
그는 돈과 권력이 생기면서 질투와 교만이 생기게 됩니다.
그는 점차 하느님을 잊어버립니다.
그는 완전히 잊은 것이 아니라도, 그는 옆으로 밀쳐내었습니다.

주님, 그는 당신의 법을 무시하고 자신의 법을 만들었습니다.
하느님에 대해 죄를 지었습니다.

주님, 그는 무슨 죄입니까?
반역죄입니다.
그는 하느님의 법, 하느님의 뜻을 무시하고 거역하는 반역죄를 지었습니다.
그는 하느님의 뜻을 고의로 거스른 것입니다.
이제 하느님보다 백성들을 만족시키기 위해 노력합니다.
그는 사람들의 영웅이 되기를 원합니다.
그의 교만과 이기심이 좋은 왕이 되지 못하게 가로막았습니다.

주님, 그가 죄를 지었을 때, 하느님께서는 사무엘을 보내 개입하십니다.
그가 아멜렉 족을 쳤을 때,
그는 전리품들에 눈이 멀어 하느님의 말씀을 거역하였습니다.
사무엘이 그의 반역죄에 대해 지적합니다.
사무엘이 말하였습니다.
"주님의 말씀을 듣는 것보다 번제물이나 희생 제물을 바치는 것을 주님께서 더 좋아하실 것 같습니까? 진정 말씀을 듣는 것이 제사드리는 것보다 낫고 말씀을 명심하는 것이 숫양의 굳기름보다 낫습니다.
거역하는 것은 점치는 죄와 같고 고집을 부리는 것은 우상을 섬기는 것과 같습니다. 임금님이 주님의 말씀을 배척하셨기에 주님께서도 임금님을 왕위에서 배척하셨습니다."(1 사무. 15, 22~23)
사울이 사무엘에게 잘못했다고 용서를 청합니다.

주님, 그는 실은 입술로만 용서를 청했지, 진정으로 뉘우친 것은 아니었습니다.
주님은 그에게 다윗을 보내 도와주시고자 하셨습니다.
사울은 다윗에게 질투를 느꼈습니다.
서서히 악령이 사울 안으로 들어갔습니다.
그가 괴로울 때, 사울은 다윗을 불러 수금을 연주하도록 했습니다.
다윗이 수금을 연주하면 악령이 떠나갔습니다.
주님, 사울은 다윗을 질투하면서 그를 죽이려고 했습니다.
한 번 악에 미끄러지기 시작하면, 그는 자기가 무슨 일을 하는지를 모릅니다.
그는 기름 부음을 받은 자, 바로 왕입니다.

주님, 그가 어떻게 해야 합니까?
우리는 텅빈 부분을 다시 당신의 사랑으로 채워야 합니다.
주님, 사울에게 어떤 일이 일어났습니까?
서서히 세 가지 선물을 잃어버렸습니다.
첫째, 그는 왕권을 잃어버렸습니다.
둘째, 그에게서 성령이 떠났습니다.
셋째, 그는 기름 부음을 받은 사람이지만 자살합니다.
이것이 바로 죄의 힘입니다.

주님, 우리는 하느님의 자녀로서 세 가지 선물을 받았습니다.
첫째, 왕권에 동참하는 것입니다. 이것은 존엄성을 말합니다.
둘째, 성령을 우리는 성령의 이끄심에 따라 삽니다.
셋째, 새 마음을 받았습니다.
주님, 우리가 일단 악의 영향을 받으면, 이 세 가지 선물을 잃어버립니다.
첫째, 왕권을 잃어버립니다.
우리 정체성과 존엄성을 잃는 것입니다.
둘째, 성령이 우리에게서 떠납니다.
그러면 삶이 지루하고 공허하게 느껴집니다.
셋째, 새 마음을 잃어버립니다.

주님, 사울이 무엇을 말하고 있습니까?
하느님에 대해 우리에게 무엇인가를 알려 주고 있습니다.
하느님께서는 우리가 죄를 지었다고,
그냥 바로 왕권을 빼앗으시는 것이 아닙니다.
주님은 기다려 주시는 분이십니다.
그가 다시 돌아오기를 기다리십니다.
주님, 사울은 돌아오지 않고 스스로 파멸로 나아갔습니다.

주님, 가장 중요한 점이 무엇인지를 염두에 두면서,
이제 다윗을 보도록 하겠습니다.
주님, 이 두 사람을 잘 연결하면서 묵상하게 해 주십시오.
주님, 다윗은 왕이 됩니다.
두 번째 기름 부음을 받았습니다.
그는 하느님의 사람입니다.
그는 사람들의 영웅이 아닙니다.
그는 하느님의 성전을 짓고자 하는 열망을 지니고 있었습니다.
주님, 그도 또한 약함을 지닌 인간이며,
그 약점에서 벗어날 수 없었습니다.

주님, 그도 세 가지 선물을 받았습니다.

그는 여전히 약점을 지니고 있고, 계속해서 죄를 지었습니다.
왕은 이스라엘의 희망이었는데, 왕조차 하느님께 순명하지 않았습니다.
사울이나 다윗이 우리에게 주는 교훈은,
진정한 행복은 왕이 가져다줄 수 없다는 것입니다.
주님은 어떤 다른 것으로도 대치할 수 없습니다.
주님이 우리 삶의 첫 자리에 있어야 합니다.
다윗이 어느 날 옥상을 거닐다가 한 여인이 목욕하는 것을 보게 되었습니다.
그는 처음에는 눈의 죄를 지었습니다.
그는 그다음에는 그 여인을 데려다가 정을 통했습니다.
그는 육체의 죄를 지은 것입니다.

주님, 그가 죄를 짓자 걱정되었습니다.
그가 여인의 남편 우리야를 불러, 아내와 동침하도록 보냅니다.
우리야는 집에 가지 않았고, 그가 다윗에게 말합니다.
"상관 요압 장군과 다른 임금님의 신하들이 야영하고 있는데,
제가 어찌 집에 가서 아내와 동침을 하겠습니까?"
그것이 다윗의 마음을 아프게 했습니다.
전쟁을 책임져야 하는 사람은 바로 왕입니다.

주님, 그는 부하들만 전쟁터에 보내고 예루살렘에 남아 게으름을 피우며,

남의 아내나 탐하고 있었던 것입니다.

다윗은 그의 의지를 꺾을 수 없었고, 두려웠습니다.

그는 결국 살인죄를 저지릅니다.

그는 교묘하게 적군의 칼로 죽입니다.

하나의 죄가 또 다른 죄를 낳게 됩니다.

이제 주님께서 예언자 나탄을 보내십니다.

사울에게 사무엘을 보내셨듯이 다윗에게는 나탄을 보내셨습니다.

나탄이 다윗에게 비유를 들려줍니다.

주님께서 나탄을 다윗에게 보내시니, 나탄이 다윗에게 나아가 말하였습니다.

"한 성읍에 두 사람이 살고 있었습니다. 한 사람은 부자이고 다른 사람은 가난했습니다.

부자에게는 양과 소가 매우 많았으나, 가난한 이에게는 자기가 산 작은 암양 한 마리밖에는 아무것도 없었습니다.

가난한 이는 이 암양을 길렀는데, 암양은 그의 집에서 자식들과 함께 자라면서, 그의 음식을 나누어 먹고 그의 잔을 나누어 마시며 그의 품 안에서 자곤 했습니다. 그에게

는 이 암양이 딸과 같았습니다.

부자는 자기를 찾아온 나그네를 대접하려고 자기 양과 소 가운데서 하나를 잡고 싶지는 않았습니다.

그는 가난한 사람의 암양을 잡아 자신을 찾아온 사람을 대접하였습니다."(11 사무. 12, 1~5)

다윗은 그 부자에 대하여 몹시 화를 내며 나탄에게 말하였습니다.

"주님께서 살아 계시는 한, 그런 짓을 한 그자는 죽어 마땅하다.

그는 그런 짓을 하고 동정심이 없었으니, 그 암양을 네 갑절로 갚아야 한다." 그러자 나탄이 다윗에게 말하였습니다.

"임금님이 바로 그 사람입니다.

주 이스라엘의 하느님께서 이렇게 말씀하십니다.

'나는 너에게 기름을 부어 이스라엘의 임금으로 세우고, 너를 사울의 손에서 구해 주었다.

나는 너에게 네 주군의 집안을, 또 네 품에 주군의 아내를 안겨 주고, 이스라엘과 유다의 집안을 주었다.

어찌하여 너는 주님의 말씀을 무시하고, 주님이 보기에 악한 짓을 저질렀느냐? 너는 히타이트 사람 우리야를 칼로 쳐 죽이고 그의 아내를 네 아내로 삼았다.

너는 그를 암몬 자손들의 칼로 죽였다.

그럼으로 이제 네 집안에서는 칼부림이 영원히 그치지 않을 것이다.

네가 나를 무시하고, 히타이트 사람 우리야를 데려다가 네 아내로 삼았기 때문이다.'"(사무. 12, 6~10)

주님께서 또 이렇게 말씀하십니다.

"'이제 내가 너를 거슬러 너의 집안에서 재앙이 일어나게 하겠다.

네가 지켜보는 가운데 내가 너희 아내들을 데려다 이웃에게 넘겨주리니,

저 태양이 지켜보는 가운데 그가 너의 아내들과 잠자리를 같이할 것이다.

너는 그것을 은밀하게 하였지만,

나는 이 일을 이스라엘의 모든 백성 앞에서,

그리고 태양이 지켜보는 가운데에서 할 것이다.'

그때 다윗이 나탄에게 '내가 주님께 죄를 지었소.' 하고 고백하였습니다.

그러자 나탄이 다윗에게 말하였습니다.

'주님께서 임금님의 죄를 용서하셨으니,

임금님께서 돌아가시지는 않을 것입니다.

다만 임금님께서 이 일로 주님을 몹시 업신여기셨으니, 임금님에게서 태어난 아들은 반드시 죽고 말 것입니다.' 그리고 나서 나탄은 자기 집으로 돌아갔습니다."(사무. 12, 11~15)

주님, 이것이 다윗의 삶에서 당신을 체험하는 순간입니다.
그는 분명히 사울의 삶을 생각했을 것입니다.
그는 어떻게 죄가 사울의 삶을 파멸로 이끌었는지를 생각했을 것입니다.
그는 사울이 삶을 파멸로 이끌고 간 이유와 과정을 알고 있었습니다.
아마 그것이 그를 뉘우치고 다시 돌아오도록 이끌어주었을 것입니다.
주님, 사울은 자살했습니다.
왕권과 재산과 부하들을 다 잃고 파멸로 나아갔습니다.

주님, 그 이유가 무엇입니까?
그가 죄를 범했기 때문입니다.
주님, 죄를 범하게 된 이유는 무엇입니까?
그는 성령을 잃었기 때문입니다.
그가 성령을 잃은 것이, 삶을 파멸로 이끈 근본 이유입니다.

그가 성령을 잃자, 모든 것을 잃어버렸습니다.
그가 성령을 얻자, 모든 것을 하나씩 얻을 수 있었습니다.
그가 성령을 잃자, 모든 것을 잃고 마지막으로 생명까지 잃게 되었습니다.

주님, 다윗은 큰 소리로 웁니다.
마치 아이처럼 웁니다.
다윗은 사울의 삶을 기억하면서 울었을 것입니다.
그는 시편에서 노래합니다.
"기쁨과 즐거움을 제가 맛보게 하소서.
당신께서 부수셨던 뼈들이 기뻐 뛰리이다.
저의 허물에서 당신 얼굴을 가리시고
저의 모든 죄를 지워 주소서.
하느님, 깨끗한 마음을 제게 만들어 주시고
굳건한 영을 제 안에 새롭게 하소서."(시편 51, 10~12)

주님, 다윗은 자기의 삶에서,
성령만을 가져가지 마시라고 울부짖습니다.
다윗은 성령을 거두시면, 모든 것을 잃게 된다는 것을 알았습니다.
다윗은 깨끗한 마음을 잃었습니다.

그 깨끗한 마음을 다시 만들어 달라고 청합니다.
다윗은 당신의 영을 다시 부어 주시기를 청하면서
절절하게 기도합니다.
"당신 면전에서 저를 내치지 마시고
당신의 거룩한 영을 제게서 거두지 마소서."(시편 51, 13)

주님, 시편 51장은 다윗의 뉘우침의 열매입니다.
뉘우치는 사람의 마음에서, 이 시편이 만들어졌습니다.
주님, 왜 다윗이 이런 시편을 쓸 수밖에 없었습니까?
그는 주님께서 깨끗한 마음과 성령을 거두시면,
모든 것을 잃게 된다는 것을 알고 있었습니다.
주님, 당신은 죄인의 멸망을 원하시지 않습니다.
사울과 다윗은 다 같이 죄를 지었습니다.
다윗은 구약성경에서 별처럼 한 자리를 차지하고 있는데,
사울은 잊힌 인물이며, 아스라이 스러져 간 별일 뿐입니다.
다윗이 구약성경에서 별이 된 것은 그가 거룩했기 때문이 아닙니다.
그는 나중에 지은 죄를 뉘우치고 돌아왔기 때문입니다.
주님, 당신을 만나고 당신을 깊이 체험했기 때문입니다.

주님, 성령을 잃으면 모든 것을 잃게 된다는 것을 알게 해

주십시오.

주님, 삼손도 성령을 잃어버렸습니다.

우리가 성령을 잃는 것이 언제인지 잘 모를 수 있습니다.

우리 자신도 모르는 사이에 성령이 떠나갑니다.

유다도 성령을 잃었습니다.

우리가 점점 죄를 짓게 되면서 자기도 모르는 사이에 잃게 됩니다.

주님, 당신께서 우리에게 개입하십니다.

어떤 사람들을 보면 슬픔에 젖어 있고, 우울증에 걸려 있습니다.

그들이 직장을 잃었기 때문입니까?

그들이 병이 났기 때문입니까?

그들이 술을 마시기 때문입니까?

아닙니다.

주님, 증상만을 보면 그런 이유일 수 있지만,

우리는 그 원인을 보아야 합니다,

그 원인은 바로 그들이 성령을 잃었기 때문입니다.

주님, 질투, 시기 등이 파멸로 이끌기도 합니다.

실상 그 원인은 그들이 성령을 잃어버렸기 때문입니다.

주님, 그들이 어떻게 성령을 잃게 됩니까?

우리가 때로 의도적으로 주님을 거부합니다.

주님, 당신이 깊은 물을 어루만질 수 있도록
허락하게 해 주십시오.
우리는 진정으로 기도해야 합니다.
"우리 가족에게서 성령을 거두지 마십시오."
주님, 우리가 성령을 잃으면,
모든 것을 잃게 된다는 사실을 깊이 명심하게 해 주십시오.
에페소서는 우리에게 들려줍니다.
"여러분의 입에서는 어떠한 나쁜 말이 나와서도 안 됩니다.
필요할 때 다른 이의 성장에 좋은 말을 하여,
그 말이 듣는 이들에게 은총을 가져다줄 수 있도록 하십시오.
하느님의 성령을 슬프게 하지 마십시오."(에페. 4, 29~30)

주님, 성령을 슬프게 하지 말게 해 주십시오.
성령과 악령을 함께 있지 못합니다.
우리가 죄를 지으면 성령을 거부하는 것입니다.
우리가 죄를 지으면 성령께서는 처음에는 다만 지켜봅니다.
우리가 계속 죄를 짓고 뉘우치지 않으면 성령은 떠나갑니다.
주님, 가정 안에서 성령을 어디에 모셔야 합니까?
우리는 비둘기를 둥지 안에 머물게 할 수도 있고,

다른 나무 근처에 가서 보게 할 수도 있고, 떠나게 할 수도 있습니다.

주님, 당신은 마음이 부서진 사람 곁에 계십니다.
주님, 당신은 사울에 대해 슬퍼하셨습니다.
그러나 사울이 뉘우치지 않자, 후회하십니다.
우리는 사울처럼 되어서는 안 됩니다.
주님께서 우리를 사제로 세우신 것을 후회하지 않게 해 주십시오.
주님, 우리는 하느님의 희망입니다.
우리가 무엇을 잃었든지 다 돌려받을 수 있습니다.

주님, 다윗은 뉘우치는 삶, 새로운 삶을 살았고 다 돌려받았습니다.
그는 왕권, 성령, 새 마음을 돌려받았습니다.
두 인물, 사울과 다윗을 비교하면서 잘 묵상하게 해 주십시오.
주님, 우리 삶과 연결하여 묵상하게 해 주십시오.
두 사람의 이야기는 바로 우리 삶에 관한 이야기입니다.
주님, 다윗이 왜 시편 51을 썼습니까?
그는 죄를 지었지만, 사울의 삶과 죄의 결과를 알고 있었습니다.

그는 그것을 비추어 보면서 새로운 마음, 성령을 청했습니다.

주님, 우리가 사울이 아닌, 다윗을 본받도록 도와주십시오.

까치밥

모질게 모으지
않는 마음이.

작은 새 한 마리까지
챙기는 그 마음이.

어찌 사랑이
아니겠는가.

오래오래 이어온
그 마음이.

오늘도 내일도
그렇게 이어지길

10. 우리 자신을 사랑하는 것

주님, 저에게 이렇게 묻는 사람들이 있습니다.
"신부님, 왜 성경에는 별로 좋지 않은 일이 많이 나옵니까?
사람들이 겪는 비극들이 왜 그리 많습니까?"
주님, 저는 이럴 때, 어떻게 답해야 하는지 잘 모르겠습니다.
그 해답은 아주 단순하다는 사실을 알게 해 주십시오.
당신께서는 그런 비극들을 통해서도 우리에게 말씀하시고자 합니다.
주님, 그들의 삶이 우리에게 경고한다는 알게 해 주십시오.

주님, 사울이 우리에게 들려주는 것입니다.
"그대들은 나의 모든 것을 따르지 마시오.
나처럼 살면, 파멸의 길로 들어서는 겁니다."
유다가 우리에게 들려줍니다.
"나에게 일어난 일이 여러분들에게 일어나면 안 됩니다."

우리는 아직도 어둠 속에서 눈을 감을 때가 있습니다.

주님, 당신의 사랑에 눈을 뜨게 해 주십시오.
당신 사랑의 특징은 우리를 우리 자신들을 위해 사랑하시는 것입니다.
주님, 우리의 마음은 당신이 필요하다는 것을 알게 해 주십시오.
한편 당신의 사랑은 이기적인 사랑이기도 함을
우리가 깨닫도록 해 주십시오.
주님, 당신께서는 우리 인간보다도 더 한결같고,
우리가 깨닫도록 해 주십시오.
당신의 사랑은 이기적이지만, 거룩한 이기적 사랑입니다.
왜냐하면, 그 사랑이 우리 자신을 위한 것이기 때문입니다.
당신께서 우리를 잃지 않기를 원하시기 때문입니다.
당신은 우리가 그 사랑 안에 머물러 있기를 원하십니다.
당신은 그 사랑 안에 머물러 있기 위해서 우리에게 계명을 주십니다.

주님, 당신께서 모세에게 계명을 주셨습니다.
주님께서는 그 십계명을 두 개로 압축하셨습니다.
하느님 사랑과 이웃 사랑입니다.

당신께서는 첫째 하느님 사랑과 둘째 이웃 사랑이 같다고 하셨습니다.
이는 마치 동전의 양면과 같습니다.
당신은 너 자신을 사랑하듯이 사랑하라고 하셨으니,
거기 자기 사랑도 포함됩니다.
주님, 왜 자기 사랑은 분명하게 명시되지 않는 계명으로 있습니까?
당시에는 굳이 따로 말하지 않아도
자신을 사랑하는 것은 너무나 당연하고 자연스러운 일이었습니다.

주님, 그런데 오늘날은 이것이 점점 자연스러운 일이 아닌, 하나의 문제로 나타나게 되었습니다.
주님, 자기 자신을 사랑하는 일은 아주 중요합니다.
이 자신을 사랑하는 일이 은총과 연결되어 있습니다.
그 은총에 대한 응답으로 가능하게 됩니다.
우리가 진정으로 회심하게 도와주십시오.
우리는 믿음을 주시도록 기도하게 해 주십시오.
주님, 우리에게 새 마음, 바른 영을 주시도록 기도하게 해 주십시오.
온유하신 주님, 당신의 온유한 마음을 우리에게 주십시오.

당신의 빛으로, 우리 텅빈 마음을 채워 주십시오.

주님, 당신께서는 마음이 부서진 사람을 곁에 가까이 두십니다.
우리는 항상 희망이 있습니다.
다윗은 그가 지닌 희망으로 구원을 받았습니다.
다윗은 죄인입니다.
살인죄까지 저지른 사람입니다.
그러나 그의 희망이 모든 것을 되돌려 놓았습니다.
주님, 이것은 서서히 일어나는 과정임을 우리가 알게 해 주십시오.
우리가 믿음과 인내를 지니고 응답하게 해 주십시오.
우리는 희망을 지녀야 한다는 것을 알게 해 주십시오.
우리가 희망을 지니지 않으면, 점점 우리 존엄성을 잃을 수 있습니다.
우리가 다윗의 예를 보도록 하게 해 주십시오.
우리는 하느님에 대한 열망을 지니고 있습니다.
그것이 성령이 계시는 징표입니다.

주님, 우리 안에 계신 성령께서 빛을 내도록,
활동하시도록 해 주십시오.

어떤 사람이 아침에는 성당에 가서 미사를 드리고,
오후에는 레지오 활동으로 양로원에 가서 노인들을 돌봐 드립니다.
하느님 사랑과 이웃 사랑을 잘 실천하는 것이지요.
그런데 집에 돌아가면 무엇을 해야 할지 잘 모릅니다.
그래서 허전한 마음이 드니까, 그가 술을 마십니다.

주님, 그에게 왜 그런 일이 일어납니까?
하느님 사랑과 이웃 사랑을 할 때,
그가 자기 사랑도 제대로 잘해야 하는데 그것을 잘 모르는 것입니다.
그는 하느님과 이웃에게 너무 몰입하다 보니까,
자기 자신에게는 소홀히 한 것입니다. 이것은 잘못된 것입니다.
우리가 낮에는 피정을 듣습니다.
우리가 밤에는 행복할 권리가 있음을 알게 해 주십시오.
주님, 중요한 것은 우리 자신이 행복한 것임을 알게 해 주십시오.
성 토마스 아퀴나스가 말했습니다.
"우리가 지닌 것만 남에게 줄 수 있다."
주님, 우리가 주님을 지니고 있으면,

현존하시는 당신을 전해 줄 수 있습니다.
주님, 우리는 우리 삶에 대해 생각해야 함을 알게 해 주십시오.
주님, 우리는 우리가 지닌 것만 줄 수 있습니다.
우리는 우리 자신을 사랑해야 함을 알게 해 주십시오.

11. 주님의 은행-가난한 사람들

주님, 사울은 왕이었습니다.
그가 파멸로 나아간 것은 성령이 없었기 때문이 아닙니다.
그가 힘이 없었기 때문이 아닙니다.
그가 내면에 있는 것이 썩었기 때문입니다.
주님, 우리 내면 안에 신선한 것으로 채워야 함을 알게 해 주십시오.
주님, 우리가 그물이 깊은 물에 닿게 해야 함을 잊지 않게 해 주십시오.
주님, 회심할 사람은 바로 우리입니다.
당신이 우리 삶의 왕이 되도록 해야 합니다.
우리는 베드로처럼 말해야 합니다.
"주님, 주님께서는 모든 것을 알고 계십니다."

주님, 우리는 때로 모든 것을 알고 있다고 생각합니다.

주님, 우리에게는 사고의 전환이 필요함을 알게 해 주십시오.
주님, 당신께서 더 좋은 계획을 지니고 계심을 기억하게 해 주십시오.
주님, "당신이 모든 것을 알고 계십니다. 당신 뜻대로 하소서."
라는 마음의 태도를 지니게 해 주십시오.
우리에게는 성령께서 그런 믿음이 성장하도록 도와주십니다.
주님, 우리는 다만 기도해야 함을 알게 해 주십시오.
주님, 우리는 주님께 도와달라는 간절한 마음으로 기도해야 함을
알게 해 주십시오.

주님께서는 우리를 가르치시기 위해 오셨습니다.
주님께서는 우리와 함께 있기 위해 오셨습니다.
주님께서는 우리를 당신께로 부르시고 함께 있게 하십니다.
주님께서는 사명을 위해 우리를 파견하십니다.
주님, 우리가 가난한 사람들을 돕게 해 주십시오.
주님, 먼저 우리 자신을 잘 사랑하게 해 주십시오.
주님, 나눔과 섬김의 삶은 좋은 것이지만,
우리 자신을 잃으면 아무 소용이 없습니다.
나눔을 위해 자신이 가난해지면 안 됩니다.

토마스 아퀴나스가 말했습니다. "덕은 중용에 있다."
세상에 가난한 사람들이 있습니다.
주님, 우리가 가난한 사람들을 돕는 일에 관대해야 함을 알게 해 주십시오.
마더 데레사는 아주 유명합니다.
주님, 왜 그렇습니까?
주님, 그녀는 그냥 지극히 정상적인 일을 했을 뿐입니다.
그녀는 가난하고 병든 사람들을 도와주었습니다.

주님, 인도의 문화가 그녀를 특별하게 만들었다는 것을
우리가 깨닫게 해 주십시오.
인도의 문화에서는
가난이나 병을 지닌 사람에 대한 연민을 느끼지 못합니다.
그들에게 가난한 사람들을 특별히 돕고자 하는 마음이 없습니다.
주님, 왜 그렇습니까?
그들의 믿음 안에 윤회 사상이 있습니다.
고통을 겪고 있거나 병든 사람을 보면
"저 사람은 전생에 많은 죄를 지었어. 그래서 지금 고통받고 있는 거야."
라고 생각합니다.

그것이 인도의 문화이며 믿음이고 영성입니다.

주님, 그가 전생에 지은 죄 때문에 고통을 받고 있고
우리가 도와주면 오히려 그가 윤회에서 벗어날 수 없다고 생각하는 거지요.
그러니 오히려 우리가 구원받지 못하도록 방해하는 셈이 됩니다.
주님, 힌두이즘 안에는 고통받는 사람을 도와주는 신이 없습니다.
죄를 지으면, 당연히 고통을 받아야 하는 것이라고 믿는 것이
그들의 영성입니다.
주님, 불교도 비슷한 영성을 지니고 있습니다.
그들은 고통의 원인을 욕망으로 봅니다.
그런 사람들에 대한 어떤 도움도 없습니다.
본인이 죄에 대한 고통을 받을 뿐입니다.
윤회 사상은 고통을 겪으면서 다시 태어난다고 봅니다.

주님, 이런 문화의 취약점을 성경으로,
특별히 복음 말씀으로 정화하여야 합니다.
어떤 사람들은 그리스도교 이전에

이미 힌두교가 있지 않았느냐?라고 묻습니다.

주님, 사실 힌두교는 종교가 아닙니다.

이것은 삶의 방법, 문화, 영성, 철학이라고 할 수 있지만,

종교라고 할 수는 없습니다.

주님, 마더 데레사는 복음 정신으로

인도 문화 안에 녹아 있던 것을 정화하는 작업을 했습니다.

이제는 인도의 힌두교에도 고아원을 갖게 되었습니다.

처음에는 인도에 그런 것이 없었습니다.

마더 데레사가 복음을 통해 그것을 정화한 것입니다.

주님, 우리가 문화 이전에

당신이 존재하신다는 것을 알게 해 주십시오.

그것은 우리 삶은 문화 안에 이미 있었던 것을

정화해 나가는 과정입니다.

성 빈센트는 가난한 사람들이 우리의 스승이라고 말했습니다.

주님, 요즈음 어떤 은행도 믿을 수 없습니다.

미국이나 유럽에서 은행이 파산하지 않습니까?

심지어 나라도 파산할 수 있습니다.

우리가 전에는 은행을 안심하고 믿었습니다.

주님도 은행을 갖고 계십니다.

우리가 주님의 은행에 투자하면, 이자와 함께 되돌려 받을 수 있습니다.

바로 가난한 사람들입니다.

주님, 우리가 이것을 분명히 알게 해 주십시오.

세상 끝 날까지 가난한 사람들은 존재할 것입니다.

우리가 그들을 위해 봉사하도록 하는 것이

주님의 은행에 투자하는 것입니다.

주님과 함께 모든 것이 가능합니다.

우리가 삶에서 기도하게 해 주십시오.

주님, 믿음이 무엇인지 알게 해 주십시오.

주님, 우리 믿음을 넓혀 주시고 성장시켜 주십시오.

12. 믿음-보이지 않는 현실

주님, 믿음은 보이지 않는 현실을 이야기하기 때문에
결코, 쉽지 않음을 우리가 알게 해 주십시오.
술은 눈에 보이니까 쉽게 사랑할 수 있고, 마시게 됩니다.
주님, 믿음은 효과도 빨리 나타나는 것이 아님을
우리가 깨닫게 해 주십시오.
주님, 우리가 묵주기도를 드린다고 갑자기 효과가 나타나서
성인이 되는 것이 아님을 우리가 알게 해 주십시오.
우리가 마약을 하면, 바로 효과가 나타납니다.
즉시, 환각 상태에 빠지게 됩니다.

주님, 당신을 직접 뵌 사도들도 마찬가지로
믿음을 이해하는 일은 쉽지 않았습니다.
주님께서 말씀하셨습니다.
"나에게는 아버지께서 있다.

너희는 나를 알게 되었으니 내 아버지도 알게 될 것이다.
너희는 그분을 아는 것이고 또 그분은 이미 뵌 것이다."
주님, 우리가 사도들도 이 말씀을 듣고
잘 이해하지 못했음을 알게 해 주십시오.
사도들은 "아버지를 보여 주십시오."라고 청합니다.
주님, 그 의미는 무엇입니까?
우리에게 믿음을 보여 달라는 의미이기도 함을 알게 해 주십시오.

주님, 당신을 믿는 것은 어렵지 않지만,
그들도 눈에 보이지 않는 하느님, 아버지를 믿는 것은 어려웠습니다.
주님께서 아버지에 대해 말씀하시고,
그들은 그 아버지를 보여 달라고 청합니다.
이것이 바로 우리들의 문제이기도 하다는 것을 알게 해 주십시오.
우리는 나름대로 열심히 신앙 생활하면서 믿음을 지닌 것 같은데,
어느 때는 아무것도 느끼지 못합니다.
주님, 믿음은 보이지 않는 현실을 받아들이는 것임을 깨닫게 해 주십시오.

주님, 무엇이 믿음입니까?
히브리서는 우리에게 들려줍니다.
"믿음은 우리가 바라는 것의 보증이며
보이지 않는 실체들의 확증입니다."
사실 옛사람들은 믿음으로 인정을 받았습니다.
믿음으로써, 우리는 세상이 하느님의 말씀으로 마련되었음을,
따라서 보이는 것이 보이지 않는 것에서 나왔음을 깨달았습니다.

주님, 믿음은 무상의 선물임을 우리가 깨닫게 해 주십시오.
첫째, 주님의 말씀을 듣는 것입니다.
그다음에 성사를 받는 것도 또 다른 방법입니다.
기도하는 것, 자선 등 사랑의 행동을 하는 것,
성지 순례를 하는 것 등등이 있습니다.
주님, 왜 믿음이 중요합니까?
그것이 구원을 위한 필수 조건이기 때문입니다.
누구에 대한 믿음입니까?
바로 주님에 대한 믿음입니다.

주님, 당신은 하느님의 아드님이십니다.

당신은 하느님 사랑의 구현입니다.
당신은 하느님 사랑의 인격화입니다.
주님은 우리의 치유자이며 구원자이십니다.
주님, 어떻게 그분이 우리의 구원자가 되십니까?
주님, 구원자라는 의미가 무엇입니까?
바로 우리를 이해해 주시는 분입니다.
당신은 우리를 이해해 주시는 분이기 때문에 구원자가 됩니다.

주님, 단순히 '안다.'라는 것과 '이해한다.'라는 것은 다릅니다.
주님, 우리를 알아주는 사람이 없습니다.
주님, 우리의 잘못은 알고 있지만,
진정 우리를 이해해 주는 사람은 없습니다.
주님, 우리에게는 진정으로 우리를 알아주는 사람,
우리를 이해해 주는 사람이 필요하오니, 당신이 우리를 떠나지 마십시오.
주님, 당신은 진정 구원자이십니다.
구원자는 무덤 밖에서 울 수 있을 뿐만 아니라
그를 무덤 밖으로 데리고 나올 수 있는 사람입니다.

주님, 당신은 우리의 구원자이십니다.

주님, 왜 그렇습니까?

당신은 우리를 이해해 주시기 때문입니다.

당신은 오빠를 잃은 마리아와 마르타의 고통이

바로 당신의 고통이 되어 우셨습니다.

당신은 그 고통을 없애주시기 위해 무엇인가를 하십니다.

주님, 당신은 우리를 있는 그대로 이해해 주시는 구원자이십니다.

우리가 그렇게 하시도록 허락하면, 당신은 우리에게 구원자로 오십니다.

당신은 그분은 베드로에게 구원자가 되셨던 것처럼

우리에게도 구원자가 되십니다.

주님, 우리에게는 당신이 구원자가 되는 것으로 충분합니까?

아닙니다.

주님이 말씀하셨습니다.

"나에게서 배워라. 이를 기억하여, 행하여라."

주님, 우리는 다른 사람의 구원자가 되어야 합니다.

주님께서 우리를 이해해 주시듯이,

우리도 다른 사람을 이해해 주어야 합니다.

우리도 기도합니다. "아버지를 보여 주십시오."

그것이 사도들의 청이었고, 그들의 고통이기도 했습니다.
주님, 믿음에서 성장할 때, 이 고통이 없어집니다.
성령강림 후에 사도들은 이제 더 이상 그런 물음을 던지지 않게 됩니다.
우리는 보이지 않는 현실을 보이는 현실로 받아들여야 합니다.
그것이 바로 믿음입니다.

주님, 우리가 불평을 왜 합니까?
우리에게 믿음이 부족하기 때문입니다.
주님, 우리는 믿음이 성장하도록 기도하게 해 주십시오.
그것이 사도들이 한 일입니다.
"믿음을 더해 주십시오. 아버지를 보여 주십시오."
주님, 성령강림은 교회 안에서 계속되어야 하는 사건입니다.
우리를 이해해 주는 사람, 바로 당신에 대한 믿음 때문입니다.
주님은 우리 죄스러운 삶도 이해하십니다.
당신은 우리의 죄를 위해 죽음까지 당하신 분이십니다.

주님, 우리는 당신을 믿습니다.
믿음은 구원을 위한 필수 조건입니다.

믿음은 잃음으로써 얻는 것과 연관되어 있습니다.
우리가 믿음에서 성장하려면,
다른 것을 잃을 준비가 되어 있어야 합니다.
만약 이스라엘 백성이 이집트의 종살이를 포기하지 못했다면,
약속의 땅으로 들어가고 자유를 누리는 것을 얻지 못했을 것입니다.
그들은 약속의 땅을 꿈꿀 수는 있습니다.
그러나 그것이 현실로 되기 위해서는 잃을 준비가 되어야 합니다.

주님, 그들은 노예 생활에서 떠날 준비가 되어야 합니다.
그들은 뒤에 남겨 둘 준비가 되어야 합니다.
다윗은 자기의 죄스러운 삶을 남겨 두고 떠났습니다.
그러나 사울은 그렇게 하지 못했습니다.
주님, 우리는 이것을 알고 기도해야 함을 깨닫게 해 주십시오.
우리가 죄 상태에서 믿음으로 나가는 것은
불가능함을 알게 해 주십시오.
우리가 그것을 뒤에 남겨 놓고 떠나야 함을 새롭게 알게 해 주십시오.

주님, 우리 시력은 제한되어 있어 모든 것을 볼 수가 없습니다.
우리는 태양을 바로 바라볼 수 없습니다.
우리 인간은 밤에 창문 밖을 바라보면,
아무것도 명확히 볼 수 없습니다.
그러나 빛을 비추어 주며 명확하게 볼 수 있습니다.
빛이 없으면,
다만 흐릿하게 보일 뿐이라는 것을 깨닫게 해 주십시오.
주님, 우리에게 빛이 필요합니다.
당신이 우리에게 빛이 되어 주십시오.
우리에게 믿음이 생기면,
마치 빛이 있는 것처럼 명확하게 보입니다.

주님, 당신과 함께 보면 명확하게 볼 수 있습니다.
바로 당신이 빛이기 때문입니다.
우리에게는 아무것도 명확하지 않습니다.
우리에게는 삶도 명확하지 않습니다.
주님을 만난 후 모든 것이 명확해집니다.
우리가 삶의 의미를 찾게 된다는 것을 알게 해 주십시오.

주님, 어느 소녀에게 제가 가서 말했습니다.

"저는 죽음 전에 죽음을 준비하기 위해 이 피정에 왔습니다.
피정 후에 자살할 겁니다.
지옥에는 가기 싫어서 피정이 잘 죽도록
준비시켜 주리라고 생각하여 이 피정에 왔습니다."
그녀는 자기에게는 죽음이 마지막 희망이라고 했습니다.
제가 말해주었습니다.
"너는 죽을 수 있다는 마지막 희망을 지니고 있다.
너는 최소한의 희망이라도 지니고 있다.
아주 작은 희망일 수 있다.
어쩌면 불이 다 꺼진 것처럼 보일지도 모른다.
그러나 작은 희망, 불씨가 남아 있다.
종이를 넣고 그 불길이 다시 타오르게 하라."

주님, 제 말을 듣고 그녀는 웃었습니다.
제 말이 농담이라고 생각했습니다.
저는 그녀를 강복해 주었습니다.
그곳 신부님께 그녀를 위한 지향으로 매일 미사 안에 기도를 청했습니다.
저도 매일 미사에서 그녀를 위해 기도했습니다.
피정이 끝났을 때, 그녀는 미소 지으며 제게 와서 말했습니다.

"신부님, 좀 창피합니다. 그래도 이제 살고 싶습니다."
주님, 당신이 그녀에게 삶의 의미를 주셨습니다.
우리는 희망을 잃은 그리스도인들을 봅니다.
그들은 머리로만 주님을 알 뿐입니다.
우리는 가슴으로 주님을 알아야 합니다.
우리의 믿음이 성장하면 삶의 의미가 커집니다.
베네딕토 전임 교황님이 말씀하십니다.
"우리 믿음은 희망이고, 우리 희망은 믿음입니다."
우리가 희망을 잃는다는 의미는 모든 것을 잃는다는 것입니다.
우리는 희망을 버리지 않아야 합니다.
사울은 희망을 잃었기 때문에 모든 것을 잃었습니다.
다윗은 죄인이었지만 희망을 잃지 않았습니다.
주님께서 용서하시리라는 희망이 그를 구원하였습니다.

13. 유혹 사화

주님, 우리가 오늘 여기 함께 모일 수 있는 것은 당신의 은총입니다.

당신께 감사드리면서 이 피정을 시작하도록 하게 우리를 도와주십시오.

착한 목자는 양떼를 기억합니다.

우리는 이 한 주간이 축복과 은총이 충만한 주간이 되도록 해 주십시오.

주님, 우리가 왜 유혹 사화를 복음으로 택하여 이 피정을 시작하십니까?

바로 유혹은 우리 삶의 한 부분이기 때문이라는 것을 깨닫게 해 주십시오.

당신께서도 삶에서 유혹을 받으셨고, 그 유혹을 물리치신 분이십니다.

주님께 다가온 유혹은 세 가지입니다.
첫째, 돌을 빵으로 바꾸어 보라는 유혹입니다.
둘째, 성전 꼭대기에서 뛰어 내려보라는 유혹입니다.
사람들을 놀라게 하라는 유혹이지요.
셋째, 사탄이 자기에게 무릎 꿇고 경배하라는 유혹입니다.
그러면 모든 것을 다 주겠다는 것입니다.
이 성경 말씀을 우리가 알고 있습니다.

주님, 그러나 그 의미를 제대로 알아듣고 있습니까?
우리가 성경을 읽고 그 내용을 압니다.
그러나 그 뜻을 제대로 이해하지는 못합니다.
우리는 성령의 도움이 필요합니다.
때로 교회의 가르침이 성경을 이해하는 지침이 되기도 합니다.
그 성경 내용의 배경이 무엇인지를 아는 것이 도움이 되기도 합니다.
이 유혹은 주님의 세례 사건 이후에 일어납니다.

주님, 이 유혹은 세례 사건과 연관되어 있고,
그 배경을 아는 것이 이 사건을 이해하는 관건이 된다는 것을 깨닫도록 우리를 도와주십시오.
주님의 세례 때에 어떤 일이 일어났습니까?
그 순간 엄청나게 큰 은총이 주어졌습니다.
하늘에서 소리가 들려왔습니다.
"이는 내 사랑하는 아들, 내 마음에 드는 아들이다."
하느님께서 예수님이 공생활을 하시도록 파견하신 것입니다.
그를 메시아로 인정을 받으신 것입니다.
그는 비전을 보았고, 사명이 주어진 것입니다.

주님, 이 비전을 어떻게 현실화하여 사명을 어떻게 수행할
것입니까?
주님께서는 사명을 수여받았습니다.
복음을 전하고 하느님께로 사람들을 불러 모을 사명입니다.
사람들이 하느님께로 되돌아오도록 할 사명입니다.
주님께서는 어떻게 사람들을
하느님의 사랑으로 되돌아오도록 할 수 있습니까?
주님께서는 꿈을 실현할 방법을 찾으셔야 했습니다.
이때 사탄이 찾아와서 말합니다.
"내가 그대에게 지름길을 보여주겠다.
쉬운 방법이 있다. 내가 가르쳐 줄 테니 그것을 따라라."

주님, 당신에게 주어진 과제는 사람들을
하느님께로 되돌려 오도록 하는 자기 임무를 준비하는 일
입니다.
사탄이 제시하는 길은 지름길이며 쉬운 길입니다,
우리는 삶에서 최고 정점이 이르게 되면,
거기에 반드시 사건이 뒤따르기 마련입니다.
어떤 행동을 해야 하는 사건입니다.
삶의 최고 정점에 이르면, 거기 위험이 도사리고 있습니다.

주님, 세례는 당신의 삶의 정점을 이루는 아름다운 순간이
었습니다.
바로 이 순간에 유혹이 찾아왔습니다
우리 삶에도 좋은 일이 생기면 거기 반드시 유혹이 뒤따라
옵니다.
예를 들어, 결혼을 생각해 봅시다.
결혼은 하느님의 축복으로 아름다운 일입니다.
결혼 후에 유혹이 찾아듭니다.
가장 중요한 정점의 순간에, 유혹이 찾아옵니다.
우리는 하느님을 무시하면 결코, 안 됩니다.
우리 삶이 하느님 없는 삶이 되어서는 안 됩니다.
우리는 그 위험을 알아야 합니다.

주님, 우리가 알아야 하는 것은 이 유혹이
외부에서만 오는 것이 아님을 알게 해 주십시오.

주님, 당신이 유혹도 당신의 마음 안에서 겪으신 것이기도 함을
우리가 깨닫게 해 주십시오.
우리의 유혹은 항상 우리 마음 안에서의 속삭임입니다.
하여 우리는 내적 투쟁을 벌이는 것입니다.
우리 마음의 내밀한 욕망을 통해 유혹자가 다가와서 속삭입니다.
주님, 유혹은 가장 내밀한 생각과 욕망을 통해 온다는 것을
우리가 깨닫게 해 주십시오.
우리가 그것이 행동으로 옮겨지면, 그 결과에 대해 고통이 뒤따릅니다.
주님, 그때 어떤 사람은 주님이 필요하다고 느끼게 해 주십시오.
그것이 바로 회개하여 주님에게로 돌아오는 것입니다.

주님, 유혹은 이겨내고 바로 안심하면 안 됨을
우리가 깨닫게 해 주십시오.
주님, 왜 그렇습니까?

유혹자가 잠시 떠난 것입니다.

그는 다음 기회를 노리면서, 다시 돌아옵니다.

주님, 우리가 얼마나 하느님의 도움이 필요한지 알게 해 주십시오.

주님, 우리가 하나의 유혹을 이겨내는 것이 중요한 것이 아니라,

마지막 순간까지도 유혹을 이겨내야 함을 알게 해 주십시오.

주님, 당신은 십자가에 매달리시는 순간까지 유혹이 따라왔습니다.

그 순간까지 유혹자가 다가와서 유혹했습니다.

주님, 당신은 유혹받으실 때, 혼자이셨습니다.

아무도 듣거나 보지 못했습니다.

우리가 어떻게 그것을 알겠습니까?

주님께서 당신의 경험을 사도들에게 말씀해 주신 것입니다.

복음서는 마치 주님의 자서전과 같은 것임을 우리가 알게 해 주십시오.

주님께서는 왜 사도들에게 당신의 경험을 말씀해 주셨습니까?

주님의 경험이 바로 우리의 경험이 되기 때문입니다.

주님이 겪으신 유혹을 우리도 받기 때문입니다.

우리의 사명은 하느님의 자녀로서 사는 것입니다.
어떻게 우리가 하느님의 자녀로서 올바르게 살 수 있습니까?
우리가 그렇게 하고자 할 때, 반드시 유혹이 따라옵니다.

주님, 유혹자가 우리에게 당신의 자녀로서
어떻게 잘살 수 있는지를 제시해 주는 것을 보게 해 주십시오.
우리가 하느님의 말씀에 귀를 기울일 것인가?
아니면, 유혹자의 달콤한 말에 귀를 기울일 것인가?
주님, 우리는 항상 성령의 목소리를 알아듣고 거기에 귀를 기울여야 합니다.
주님, 우리가 주님에게서 받은 선물을 통해서도 유혹을 받는다는 겁니다.
우리가 노래를 잘하는 탈렌트를 선물로 받았으면,
우리는 그 노래를 통해 유혹이 올 수 있습니다.
주님, 우리가 가지고 있는 재능, 받은 선물을 통해서도 유혹이 온다는
사실을 잊지 않게 해 주십시오.

주님, 우리가 받은 하느님의 선물, 재능을 어떻게 사용해야 합니까?

우리는 주님께 봉헌해 드려야 함을 깨닫게 해 주십시오.
우리는 어떻게 주님을 찬미할 수 있는지를 생각하게 해 주십시오.
우리는 그 선물에 대해 감사드리지 않고 당연한 것으로 여기면,
그 귀중한 것을 잃어버리게 된다는 사실을 기억하게 해 주십시오.
주님께서는 재능이 많은 분이셨습니다.
주님은 완전한 하느님이시지만, 완전한 인간이십니다.
주님은 재능이 많으신 분이십니다.
그 재능을 통해 유혹자가 예수님께 다가온 것입니다.
40일 동안 단식하시고, 몹시 시장하실 때입니다.

주님, 유혹자가 다가와서 당신께 말합니다.
"이 돌이 빵이 되라고 해 보라."
이 유혹을 통해 사탄이 주님께 무슨 말을 하는 것입니까?
"하느님께서 그대에게 능력을 주셨잖은가! 그 능력을 왜 안 쓰지?"
주님, 그는 그 능력을 이기적인 목적을 위해 쓰라고 유혹하는 겁니다.
당신이 지니신 능력을 통해 주님을 공격했습니다.

당신께서는 그 유혹, 그 제안을 거부하셨습니다.
왜 당신께서는 그렇게 하셨습니까?
당신께서는 당신과 함께 계시던 분이
모든 것을 주실 거라는 신뢰를 지니고 계셨습니다.
우리가 기도하는 것은 좋은 일입니다.

주님, 유혹자는 슬며시 다가와서는 속삭입니다.
"너, 이제 기도 끝났잖아. 너는 이제 하고 싶은 것을 할 수 있어.
왜 그렇게 하지 않아. 괜찮아."라고 유혹합니다.
주님, 우리는 기도를 통해 주님께 감사드리고
사랑으로 차올라야 함을 잊지 않게 해 주십시오.
악마는 "미사 후에는 살고 싶은 대로 살아! 다 괜찮아."라고 유혹합니다.
우리 삶에 이렇게 늘 유혹이 있습니다.
주님께서는 하느님으로부터 받은 선물, 재능을
당신을 위해 사용하지 않으셨습니다.
우리가 지닌 재능을 다른 사람들을 위해 사용해야 함을
잊지 않게 해 주십시오.

주님, 두 번째 유혹은 성전 꼭대기에서 뛰어내리라는 겁니다.

그는 천사가 보호해 줄 거라고 속삭입니다.
주님, 뛰어내리라는 그 이유가 뭡니까?
사람들에게 감각적인 것을 보여주라는 겁니다.
경이적이고 놀라운 기적입니다.
사람들이 놀라며 왕으로 모실 거라고 합니다.
"사람들은 그런 것을 좋아하잖아. 그렇게 해서 사람들을
주님께로 되돌려 올 수 있잖아. 그게 훨씬 더 쉽지 않아?"
라고 속삭입니다.

주님, 우리는 알게 해 주십시오.
감각적인 것은 곧 잊혀집니다.
그것은 영원한 것이 아닙니다.
오늘의 뉴스가 내일이면 역사가 됩니다.
굉장히 놀라운 뉴스도 내일이면 다 잊혀지는 역사가 됩니다.
주님의 방법은 감각적인 것으로써
사람들을 주님께로 되돌려 오는 것이 아닙니다.

주님, 세 번째는 자기에게 무릎 꿇고 경배하라는 겁니다.
이것이 무슨 의미입니까?
자기와 조금만 타협하자는 겁니다.
그러면 원하는 모든 것을 주겠다고 합니다.

자기에게 동의하라는 겁니다.
주님께서는 악과 타협하면서, 결코 악을 이길 수 없다는 것을 아셨습니다.
주님, 마귀와 타협하면서 마귀를 이길 수는 없다는 것을 알게 해 주십시오.
주님, 우리가 악과 타협하면서 악을 이길 수는 없음을 알게 해 주십시오.

주님, 많은 사람이 모든 것과 타협할 준비가 되어 있습니다.
그것은 주님의 방법이 아닙니다.
악과 타협할 수는 없습니다.
사실 악마는 아무것도 가지고 있지 않습니다.
모든 것을 가지고 있는 것처럼 행동하지만,
실은 아무것도 가지고 있지도 않습니다.
그는 우리 동의 없이는 아무것도 할 수도 없습니다.
주님, 유혹자가 하느님의 선물을 통해 유혹한다는 사실을 우리가 잊지 않게 해 주십시오.
그는 우리 내밀한 생각이나 욕망을 통해 유혹합니다.

주님께서는 유혹을 물리치셨습니다.
유혹을 물리치신 당신이 우리와 함께 계십니다.

우리는 당신과 함께 유혹을 물리칠 수 있습니다.
첫째, 돈을 주면서 유혹했습니다.
둘째, 감각적인 것을 줌으로써 유혹했습니다.
셋째, 죄와 타협하도록 유혹했습니다.

주님, 당신께서 어떻게 유혹을 물리치셨습니까?
십자가의 길을 통해서입니다.
우리도 이 길을 통해 주님의 사랑에 초대받습니다.
십자가가 우리에게 마지막 생명을 줍니다.
우리는 십자가의 길을 걷는 사람들입니다.
그 길이 고통스럽습니다.
유혹에 "아니오"라고 하기가 힘듭니다.
십자가의 길은 외로운 길입니다.
우리는 혼자라고 느낄 수 있습니다.

주님, 우리는 결코, 혼자가 아니라는 사실을 잊지 않게 해주십시오.
우리가 십자가를 지고 쓰러지면 다른 사람, 시몬이 도와 줄 것입니다.
우리가 십자가를 지고 땀을 흘리면
베로니카가 수건으로 닦아줄 겁니다.

믿는 자는 결코 혼자가 아닙니다.

주님, 우리가 주님의 말씀을 듣고 실천할 수 있는 힘을 주시도록

기도하게 해 주십시오.

주님, 우리가 유혹을 이겨나갈 수 있도록 기도하게 해 주십시오.

주님, 우리의 선택은 바로 십자가라는 것을 잊지 않게 해 주십시오.

14. 나뭇가지: 쓴 물이 단물로

애가서는 우리에게 들려줍니다.
"주님께서는 저의 송사를 맡으시어
제 생명을 구해 주셨습니다.
주님께서는 억압당하는 저를 보셨습니다.
저의 권리를 되찾아 주소서.
당신께서는 그들의 복수심과
저를 해치려는 그들의 모든 흉계를 보셨습니다."(애가 3, 58~68)

주님, 우리는 여기서 두 가지 생각을 볼 수 있습니다.
바로 부정적인 생각과 긍정적인 생각입니다.
첫 번째 생각은 부정적인 것입니다.
우리는 삶에서 어떤 경험을 하면서 부정적인 생각을 지니게 됩니다.

아무도 우리를 도와 줄 수 없는 상황에 처하면,
우리는 부정적인 생각을 지니게 되고, 우리 자신 안에 잠기게 됩니다.
우리는 마음이 슬퍼지고 점점 절망적입니다.
두 번째 생각은 긍정적인 생각입니다.
우리에 대한 주님의 사랑을 느끼고 그 사랑이 매일 우리 삶을 새롭게 해 줍니다. 우리는 우리 주님에 대한 희망을 지니고 있습니다.
부정적인 생각은 절망으로 이끌지만,
긍정적인 생각은 희망으로 나아가게 합니다.

주님, 우리가 주님에 대한 희망임을 알게 해 주십시오.
주님, 우리가 긍정적인 생각을 하게 되면
희망으로 나아감을 알게 해 주십시오.
주님의 사랑은 우리를 매일 새롭게 합니다.
우리가 주님과 함께라면 새로운 삶을 시작할 수 있습니다.
우리는 긍정적인 생각으로 부정적인 생각을 넘어서야 합니다.
주님, 당신의 사랑 안에서
우리의 부정적인 생각을 긍정적인 생각으로 변화하게 해 주십시오.

탈출기는 우리에게 들려줍니다.
"모세는 이스라엘 사람들을 거느리고 홍해 바다에서 수르 광야로 진을 옮겼다. 그들은 사흘 동안 가면서도 물을 만나지 못하다가 마라에 다다랐으나 그곳 물은 써서 마실 수가 없었다. 그래서 그 고장을 마라라고 불렀다.
백성들은 모세에게, 무엇을 마시라는 말이냐고 하면서 투덜거렸다. 모세가 야훼께 부르짖자, 야훼께서 나무 한 그루를 보여주셨다. 그 나무를 물에 던지니 단물이 되었다. 야훼께서는 바로 여기에서 그들이 지켜야 할 규칙을 주시고 그들을 시험해 보셨다.(탈출 15, 22~25)

주님께서는 마라에서 쓴 물을 단물로 바꾸어 주십니다.
이것은 우리는 놀라운 기적으로 볼 수 있습니다.
모세가 광야에서 백성들을 이끌고 나아가다가
마라에 이르게 되어 물을 발견하지만,
그 물의 특징은 너무 써서 마실 수가 없는 것입니다.
백성들이 불평하자, 모세는 하느님께 기도를 드립니다.
하느님께서 모세의 기도를 들으시고 나뭇가지를 보여주시며
그것을 물에 담그라고 하십니다.
모세가 하느님의 말씀대로 하자, 쓴물이 단물로 바뀝니다.

주님, 그 뜻이 무엇입니까?
우리 마음 안에 나뭇가지를 담그면,
우리 과거의 아픈 기억들이 아름다운 기억으로 바뀝니다.
우리 마음 안에 주님의 사랑이 들어오면,
우리의 나쁜 기억들이 아름다운 일로 바뀐다는 의미입니다.
주님, 우리에게는 나뭇가지가 필요합니다.
나뭇가지는 하느님에 대한 믿음이고, 성사적 은총입니다.
그것은 우리의 기도이며 하느님의 은총입니다.
우리가 과거에 부정적인 사건이 있었다고 하더라도,
주님께서는 그것을 아름다운 경험으로 바뀌게 해 주실 수 있습니다.

주님, 당신께서는 악으로부터도 선을 이끌어 내실 수 있는 분이십니다.
마라의 쓴물이 단물로 바뀌었듯이,
우리의 부정적인 삶이 긍정적인 삶으로 바뀔 것입니다.
그러기 위해서 우리에게 나뭇가지가 필요합니다.
그 나뭇가지로 우리 삶이 아름다운 삶으로 변화될 수 있습니다.
묵시록에서 말하는 새 하늘, 새 땅을 지니게 됩니다.
우리는 변화된 사람으로 새 하늘, 새 땅에서 살게 됩니다.

주님, 긍정적인 경험을 통해서만 당신께서 우리에게 오십니까?

아닙니다.

주님, 부정적인 경험을 통해서도 당신께서는 우리에게 오십니다.

우리의 모든 경험을 통해서 주님께서는 우리에게 오십니다.

주님, 예로서 모세의 경험을 보게 해 주십시오.

모세는 태어나기 전부터 죽을 운명이었습니다.

왜 그렇습니까?

파라오의 나쁜 결정 때문이었습니다.

그가 "히브리인들의 사내아이는 모두 강물에 집어넣어라."라는 명령을 내린 것입니다.

모세는 어머니 뱃속에서 자라지만,

이제 그가 태어나면 죽을 것입니다.

모세의 어머니는 너무나 슬펐습니다.

그녀는 석 달 동안을 숨어서 기릅니다.

그녀는 들키지 않으려고, 울면 아기의 입을 막았습니다.

주님, 몇 달 지나자 더 이상 입을 막을 수도 없고,

누군가가 아기 우는 소리를 들으면, 발각되고 아기는 죽을 것입니다.

모세 어머니는 아기를 바구니에 넣어 나일강으로 떠나보냅니다.

주님, 아기가 바구니에 담겨 강에 떠내려갑니다.

이것은 부정적인 삶의 경험입니다.

주님께서는 이 부정적인 삶의 경험을, 은총의 통로로 사용하십니다.

그 바구니가 파라오의 궁에 도달합니다.

버려지는 삶이 은총으로 바뀌는 바로 그 순간입니다.

강에 버려지는 것은 분명 부정적인 경험입니다.

주님, 당신께서는 그 경험을 통해서도 무엇인가를 하십니다.

파라오의 궁에 도달하는 것은 상징적인 의미를 지니고 있습니다.

노예 상태에서 자유로운 삶으로의 여정입니다.

주님, 구약에서 요셉의 삶을 보게 해 주십시오.

형제들이 그를 마른 우물에 던졌습니다.

그들이 그를 거기서 건져내어 이번에는 이집트 상인들에게 팔아버립니다.

이것은 부정적인 경험입니다.

주님, 당신께서는 요셉이 팔려 가는 이 부정적인 경험을 통해
이스라엘의 역사에 개입하십니다.
나뭇가지를 담그면,
부정적이고 고통스러운 그 경험이 긍정적으로 바뀌게 됩니다.
주님께서 거기 함께 계시면서 바꾸어 주십니다.
주님, 우리가 진정 당신의 능력에 대한 신뢰를 지니면,
남들이 우리에게 퍼붓는 저주조차도
우리가 잘되게 하는 수단으로 사용될 수 있음을 보여주십시오.

15. 당나귀

주님, 우리는 성경에서 희망을 찾게 해 주십시오.
성경은 우리에게 들려줍니다.
우리는 죄를 짓고 고통을 겪지만,
뉘우치면서 회개의 눈물을 흘립니다.
주님, 당신께서는 어떻게 하십니까?
주님, 당신께서는 우리가 죄를 고백하면 그 죄를 자루에 담고,
그 자루 위를 꽁꽁 묶어서
깊은 바다에 던져 넣으시는 분임을 알게 해 주십시오.
우리가 통회의 눈물을 드리면,
당신의 컵에 우리 눈물을 담아서 모으십니다.

주님, 우리 눈물은 그냥 낭비되는 것이 아닙니다.
당신에게 다 헤아려집니다.

시간이 지나면,
당신께서는 우리 삶에 개입하는 통로를 마련하십니다.
우리에게 불이익으로 여겨지던 것이,
오히려 이익이 될 수 있습니다.
주님께서 우리 눈물을 보시고,
우리 삶에 개입하시면 쓴물이 단물로 변화됩니다.

주님, 하나의 예를 들어 보겠습니다.
어느 부자가 당나귀를 길렀습니다.
그 당나귀는 열심히 일했습니다.
그 당나귀가 열심히 일한 덕분에
그 부자는 돈을 많이 벌은 것이지요.
그는 당나귀에게 짐을 운반하는 일을 했고,
당나귀는 읍내까지 하루 서너 번이나 짐을 운반했습니다.
세월이 지나면서 당나귀도 이제 늙어서 점점 많은 짐을 나를 수 없었습니다.
어느 날 저녁에 마을에서 돌아오다가,
집 가까이에 말라버려 더 이상 쓰지 못하게 된 우물에 빠졌습니다.
이튿날 일군들이 당나귀가 마른 우물에 빠진 것을 보고 주인에게 알렸습니다.

주님, 주인이 "그 당나귀 너무 늙어서 이제 쓸모없게 되었고, 우물도 말라버려 거추장스럽게 되었으니 그 당나귀를 꺼내지 말고
차라리 우물을 흙으로 메워 버리도록 하여
당나귀의 무덤이 되게 하는 것이 좋겠다." 하고 말했습니다.
일꾼들이 가서 우물을 메우기 시작했습니다.
당나귀 위로 흙과 작은 돌들이 쏟아져 내렸습니다.
그 흙과 돌이 자기 몸 위로 쏟아지니까 너무 고통스러워
그 당나귀는 뛰기 시작합니다.
그러면서 자기 위로 쏟아진 흙이 조금씩 편편해지고
당나귀는 그것을 딛고 밖으로 나올 수 있게 되었습니다.
주인의 결정은, 그 당나귀를 포기하고 우물을 메우는 것이었습니다.
당나귀를 흙으로 묻는 결정이었는데,
당나귀는 오히려 자기를 죽이려고 퍼붓는 그 흙을 딛고 나온 것입니다.
당나귀에게는 그에게 불리하게 내려진 결정이 오히려 이익이 되었습니다.

주님, 우리 가족들을 생각해 보면,
우리는 밤늦게까지 일하면서 가족들을 위해 많은 것을 해

주었는데
가족들은 전혀 우리의 노고를 알아주는 것 같지 않아,
우리는 상처를 입기도 합니다.
주님, 우리가 인간적으로만 생각하면,
상처를 입지만 당신을 모시면 치유가 일어납니다.
우리도 나뭇가지를 지니고 있으면 우리에게 불이익처럼 느껴지는 일들이
오히려, 이익이 될 수 있습니다.

주님, 당신의 능력에 의탁을 드리면서 우리는 희망을 잃지 않아야 합니다.
예언자 예레미야가 말했습니다.
"나의 희망, 나의 삶은 오직 하느님께 달려 있다."
당나귀 이야기가 좋은 예를 보여줍니다.
누군가가 우리에게 돌과 흙을 던지면
바로 그것을 이용하여 거기서 빠져나올 수 있습니다.
우리는 그것을 부정적 경험에서 빠져나오는 도구로 사용할 수 있습니다.
믿는 자는 결코 혼자가 아닙니다.
우리 삶에 잘못된 일이 일어나면,
우리는 잘못된 생각을 하여 절망에 빠집니다.

주님, 다른 사람이 우리에게 어떤 일을 할 수 있습니까?
최악의 경우가 우리를 십자가에 못 박는 일입니다.
사람들이 주님을 멸망시키기 위해 많은 일을 했고,
드디어 십자가에 못 박았고 그들은 만족했습니다.
주님, 그들은 이제 주님을 지상에서 완전히 멸망시켰다고 생각했습니다.
주님, 그들의 생각이 맞았습니까?
아닙니다.
주님의 삶에서 그들이 가한 불이익이 오히려 이익이 되었습니다.
인간이 활동을 멈춘 거기서 주님께서 시작하십니다.
인간들은 주님의 죽음에서 멈추었습니다.

주님, 당신께서는 기다리고 계셨습니다.
바로 인간이 멈춘 그곳에서 시작하시기 위해서였습니다.
주님께서는 죽음에서 부활로 이끄십니다.
모세 어머니의 삶을 보십시오.
그녀는 아기를 숨기기 위해 노력했습니다.
그러나 더 이상 숨길 수 없게 되자,
결국은 아기를 강물에 떠내려가게 했습니다.
그것으로 자기가 할 수 있는 일을 다 했고 거기서 활동을 멈추게 됩니다.

주님, 바로 그곳에서 당신께서는 일을 시작하십니다.
우리는 때로 말합니다.
주님, 제가 열심히 기도하고, 성지 순례도 다녀오고,
봉사활동도 많이 했습니다.
왜 저를 도와주지 않으십니까?
주님께서 도와주시지 않는다고 느낀다면, 왜 그렇습니까?
우리 기도와 우리 마음에 연결되어 있지 않기 때문임을 알게 해 주십시오.
우리는 너무 많은 생각을 하고, 너무 많은 활동을 합니다.
마음은 하느님께 드리지 않으면서 마치 기계처럼 생각하고 활동하는 것입니다.

주님, 우리가 하느님께서 활동할 여지를 주지 않습니다.
우리가 하는 일을 멈추어야 주님께서 일하십니다.
주님, 우리 지능이나 능력에는 한계가 있습니다.
우리가 머리를 쓰거나 활동하는 것을 멈출 때,
주님께서 기적을 베푸십니다.
우리가 기적을 보고 싶다면, 우리의 활동을 멈추어야 합니다.
우리가 멈추는 바로 그곳에서 주님께서 활동을 개시하십

니다.

주님, 우리가 하느님께서 활동하시지 않는다고 느낀다면,
왜 그렇습니까?
바로 우리가 너무 많이 활동하기 때문입니다.
주님, 우리 삶을 돌아보게 해 주십시오.
주님께서 우리를 돕기 위해 오셔도
우리는 주님께 잠시 기다리라고 말합니다.

주님, 우리가 할 수 있는 다른 것 하나 더 해 보고 그것이 안 되면,
그때 도와달라고 합니다.
오늘은 잠시 기다리시고, 내일 와서 도와달라고 합니다.
주님, 그러면 너무 늦는다는 것을 우리가 알게 해 주십시오.
내일은 결코, 오지 않습니다.
주님, 우리는 당신께서 우리 삶의 주인이 되시도록 허락하도록 해 주십시오.
당신께서 우리 삶의 주인이 되시면
우리도 나일강에서 건져지는 기적을 체험하게 될 것입니다.

16. 미래를 향해

요엘서는 우리에게 들려줍니다.

"그런 다음에 나는 모든 사람에게 내 영을 부어 주리라. 그리하여 너희 아들 딸들은 예언을 하고 노인들은 꿈을 꾸며 젊은이들은 환시를 보리라."(요엘 3, 1)

주님, 저는 어느 결혼식에 참석하게 되었습니다.

노인들은 서로 함께 그룹을 이루어 이야기를 나누고 있었습니다.

젊은이들도 서로 함께 그룹을 이루어 이야기를 나누고 있었습니다.

저는 노인들에게 인사를 하러 가서, 그들의 이야기를 듣게 되었습니다.

그들은 모두 과거에 관해 이야기하고 있었습니다.

1970년도에 내가 회사를 시작했고, 1980년에 내가 저 빌딩을 세웠고,

그 이듬해 다리를 건설했다는 이야기,
내가 이런저런 일을 했다는 과거에 관한 이야기였습니다.

주님, 젊은이들이 모인 그룹에 가서 이야기를 들어 보니까,
모두 미래에 관해 이야기하고 있었습니다.
나는 엔지니어가 되고 싶고,
나는 의사가 되어 좋은 일을 하고 싶다는 등의 이야기였습니다.
이렇게 노인들은 과거에 대해,
젊은이들은 미래에 관해 이야기를 나누고 있었습니다.

주님, 왜 노인들은 과거에 관한 이야기를 합니까?
그들은 미래에는 희망이 없다고 느끼기 때문입니다.
주님, 요엘 예언자가 무슨 말을 합니까?
주님께서 당신의 영을 부어 주면,
노인들은 꿈을 꾸며 젊은이들은 환시를 보리라고 합니다.
그들은 앞으로 나아갈 수 있게 된다고 합니다.
주님, 우리가 당신의 영을 받으면
미래에 대한 희망을 지닐 수 있게 된다는 것을
우리가 알게 해 주십시오.

주님, 많은 사람이 절망에 빠져 있습니다.
주님, 우리에게는 당신의 영이 필요합니다.
에제키엘 예언자는 주님의 영에 이끌려
뼈로 가득찬 계곡으로 주님의 말씀을 듣습니다.
주님의 말씀을 따라 뼈들에게 예언하자,
마른 뼈가 살이 생겨납니다.
아직 숨이 없었지만, 숨에게 말하자
숨이 불어오고 생명을 얻게 됩니다.
그들은 생명이 죽어 있었습니다.
주님, 우리는 다시 생명을 얻기 위해
하느님의 숨이 필요함을 알게 해 주십시오.
주님, 당신이 보여주시는 환시가 필요하고
나뭇가지가 필요함을 알게 해 주십시오.
그러면 쓴맛을 단맛으로 바꿀 수 있습니다.

주님, 우리가 과거로 돌아가는 것을 멈추지 않도록 해 주십시오.
우리는 희망을 지니고 앞으로 나아가야 합니다.
주님의 숨결을 얻어 죽은 부분이 다시 생명으로 바뀌어야 합니다.
주님, 우리는 롯의 아내를 본받으면 안 된다는 것을 알게 해

주십시오.
그녀는 뒤를 돌아보았고, 그 결과로 소금기둥이 되었습니다.
주님, 우리가 과거의 부정적 삶의 경험에 매여 있으면,
소금기둥으로 사는 것임을 알게 해 주십시오.
주님, 많은 사람이 소금기둥으로 살고 있습니다.
주님, 왜 그렇습니까?
그들은 용서하지 못하고,
주님께서 삶에 개입하시는 것을 원하지 않기 때문입니다.
주님, 우리가 하느님의 숨결로 다시 일어서게 해 주십시오.

주님, 사도 바오로처럼
지난날의 모든 것을 다 쓰레기로 여기게 해 주십시오.
우리는 다만 하느님의 영광을 위해 앞으로 걸어가야 합니다.
과거에 일어났던 일이 우리가 앞으로 나아가는 길을 막지 못합니다.
주님, 우리가 롯의 아내가 아니라 아브라함처럼 살게 해 주십시오.
주님, 아브라함이 어디를 향해 걸어 나갔습니까?
주님께서 보여주실 땅으로 나갔습니다.
주님, 우리가 당신 나라를 향해 가는 여정에서
어떤 것도 가로막지 못하게 해 주십시오.

주님께서 환시로서 나뭇가지를 보여주십시오.
당신은 우리가 멈추어 선 그곳에서 다시 시작하십니다.

저 달을 보며

저 달을
갖고 싶으나.

아니요.
그저, 가슴에 닮고
만나는 이들에게
그 밝음을 나누고 싶습니다.

저 달까지
오르고 싶으나.

아니요.
그저, 이렇게 보며
떠오르는 이들이
행복하길 기도하고 싶습니다.

17. 독수리의 날개로 날아올라야 하리라

주님, 누가 하느님께서 주시는 나뭇가지를 받아들이는 사람입니까?
주님, 누가 하느님의 영을 필요로 하는 사람입니까?
바로 겸손한 사람입니다.
자기 힘만으로는 어찌할 수 없다고 느끼는 사람입니다.
교만한 사람은 그렇게 하지 않습니다.
우리가 완벽한 사람이라면 더 이상 하느님이 필요하지 않습니다.
자기가 완벽하니까 자기 힘으로 다 할 수 있습니다.
주님, 누구에게 하느님이 필요합니까?
바로 죄인입니다.
스스로 성인이라면 하느님이 필요하지 않습니다.
주님, 진짜 성인들의 태도를 보게 해 주십시오.
성 바오로는 말합니다.

"나는 죄인 중에 가장 큰 죄인입니다."
주님, 왜 그가 그렇게 말합니까?
바로 그가 하느님의 필요를 더욱 더 많이 느낀 사람이기 때문입니다.
그는 하느님의 사랑을 가장 많이 느낀 사람입니다.
주님, 당신의 사랑을 느끼면 느낄수록
그 사랑에 제대로 다 응답하지 못한 자신 모습을 보면서
자기가 죄인이라고 느끼는 것입니다.
그는 자신이 죄인임을 알지만 실망하지 않습니다.
그는 이제 자기가 아니라 바로 주님의 능력에 신뢰를 둡니다.
우리는 죄인이지만,
하느님께 매달리면서 모든 것을 청하는 사람을 성인이라고 부릅니다.
성 바오로가 말합니다.
"나에게 자랑할 것이 있다면, 나는 다만 나의 약점을 자랑합니다."
왜 그가 그렇게 말합니까?
그가 약할 때, 하느님의 능력을 보았고,
그 약점을 통해 그가 주님께 가까이 가도록 도와주었기 때문입니다.

주님, 그는 말합니다.
"누가 나를 하느님의 사랑에서 떼어놓을 수 있습니까?"
우리의 약점이나 잘못조차도 행복한 잘못이 될 수 있습니다.
바오로에게서 보는 것처럼 주님께 저지른 나쁜 일,
그리스도인들을 박해하던 그 일조차도
주님께서는 구원의 도구로 사용하십니다.
당신은 쓴물을 단물로 바꾸어 주십니다.

주님, 당신께서 말씀하십니다.
"하느님 아버지께서 완전하신 것처럼 너희도 완전하게 되어라."
주님, 우리가 완전하게 될 수는 없지만
우리는 그렇게 되려고 노력합니다.
주님의 은총에 의탁을 드리면서 더 나아지려고 노력합니다.
우리는 목적지를 향해 나아갑니다.
어떤 것도 우리가 목적지에 도달하는 것을 멈추게 할 수 없습니다.
그렇게 하기 위해 우리에게는 영감이 필요합니다.

이사야서는 우리에게 들려줍니다.
"그분께서는 피곤한 이에게 힘을 주시고 기운이 없는 이에게 기력을 북돋아 주신다. 젊은이들도 피곤하여 지치고 청년들도 비틀거리기 마련이지만 주님께 바라는 이들은 새 힘을 얻고 독수리처럼 날개 치며 올라간다. 그들은 뛰어도 지칠 줄 모르고 걸어도 피곤한 줄 모른다."(이사. 40, 29~31)
주님, 우리가 이사야 예언자에게서 무슨 말을 듣습니까?
주님의 능력을 신뢰하면 독수리처럼 날개를 달고 위로 올라간다고 합니다.
이것은 아름다운 비유입니다.

주님, 아무것도 하느님의 능력을 신뢰하는 사람들을 멈추게 할 수 없습니다.
그들은 날아오르게 됩니다.
고통 위로도, 번영 위로도 날아오르게 됩니다.
주님이 우리의 힘, 우리의 몫입니다.
비록 지난날 부정적인 생각을 지니고 있었다고 하더라도 우리는 독수리처럼 다시 날아오를 수 있습니다.
'독수리처럼'이라는 표현은 성경에 자주 등장합니다.

시편은 우리에게 들려줍니다.
"그분께서 네 한평생을 복으로 채워주시어 네 젊음이 독수리처럼 새로워지는구나."(시편 103, 5)

시편은 우리에게 우리의 젊음이 새로워진다고 노래하고 있습니다.
우리가 영적으로 젊으면 나이가 들어도 젊어 보입니다.
주님, 왜 '독수리처럼'이라고 비유했을까요?
주님, 독수리에 대한 상식이 이것을 이해하는데 도움이 됩니다.

주님, 독수리는 종류에 따라 다르지만
대개 날개가 길이가 대략 70~100cm나 됩니다.
수컷의 겨울 깃은 뒷목과 정수리 피부가 드러나 있고
이마, 머리 꼭대기, 눈앞, 뺨, 턱 밑, 앞 목에
짧은 갈색 털이 빽빽하게 나 있습니다.
뒷목과 닿는 부분에는 목 테 모양 솜털이 있으며
머리에는 회색 솜털이 있습니다.

주님, 독수리의 몸통 깃은 어두운 갈색입니다.
독수리의 부리는 검은 갈색, 다리는 회색, 홍채는 흰색입니다.
독수리의 부리와 발톱이 아주 날카롭습니다.
여름 깃은 온몸이 엷은 갈색을 띱니다.
그 아름다운 깃털이 있는 날개를 펴고 나는 모습은 아름답습니다.

주님, 독수리는 여러 가지 특성을 지니고 있습니다.
첫째, 다른 어떤 새보다도 높이 날 수 있습니다.
독수리는 거의 3~4Km나 되는 거리에서도 먹잇감을 집중하여
볼 수 있는 놀라운 시력을 지녔습니다.
주님, 그가 먹잇감을 발견하면
아주 정확히 그 표적을 향하여 날아가서 먹잇감을 낚아챕니다.
이렇게 독수리는 예리한 시력, 멀리 볼 수 있는 눈을 가졌기 때문에
늘 높은 곳으로 날아 올라가서 사방을 바라봅니다.

주님, 둘째, 독수리는 언제가 신선한 먹이만 먹고
절대 죽은 것은 먹지 않습니다.
다른 맹금류들은 죽은 것도 먹지만, 독수리는 다릅니다.
늘 신선한 살아있는 생물만 먹습니다.
독수리의 체온은 뜨겁다고 합니다.
독수리는 아주 높은 위치에 집을 짓고 살기 때문에
체온이 뜨겁지 않으면 못 산다고 합니다.

주님, 셋째, 독수리의 날개는 커서
아주 빠르고 힘 있게 날 수 있을 뿐만 아니라
아주 유연하게 나를 수 있습니다.
강한 바람이 불면 다른 새들은 둥지나 나뭇잎 사이로 몸을 숨기는 동안
독수리는 오히려 강한 바람을 즐깁니다.
독수리는 잠시 스스로 날갯짓을 쉬고 바람의 방향을 이용하여
높이 솟아오릅니다.

주님, 넷째, 독수리는 늘 훈련하고, 자기 새끼들에게 훈련을 시킵니다.
독수리는 자기 새끼들을 훈련하는 방법으로
높은 둥지에서 새끼를 떨어트린 후 스스로 날 수 있도록 훈련합니다.
아직 새끼가 날 수 없으면 그때 자기 날개를 펴서 받아 올립니다.
이런 강도 높은 훈련을 통해 최고로 높이 날아오르는 법을 배웁니다.

주님, 다섯째, 독수리는 다시 새롭게 태어납니다.

이것이 바로 오늘 우리가 살펴보고자 하는 특성입니다.
주님, 다른 특성들도 우리 그리스도인들이 본받을 특성이 있습니다마는
바로 이 특성에 대해 오늘 나누고자 합니다.
독수리는 보통 60~70년을 삽니다.
수명이 긴 편이지요.
그런데 35년에서 40년이 되면 몸에서 노화현상이 시작됩니다.
노화현상이란 부리가 앞으로 굽어 안으로 자라기 시작하고, 발톱도 그렇습니다.
그리고 털이 많이 나게 됩니다.

주님, 독수리에게 이런 일이 일어날 때
그냥 그대로 두게 되면 몇 년 지나지 않아 죽게 됩니다.
왜냐하면, 독수리는 부리를 통해 음식물을 섭취해야 하는데
제대로 할 수 없기 때문입니다.
주님, 또 독수리는 발톱으로 먹이를 낚아채야 하는데,
그것도 제대로 할 수 없습니다.
또한 독수리는 털이 많이 나면
몸이 너무 무거워져서 날아오르지 못합니다.

주님, 이런 노화현상이 왔을 때,
어떤 독수리들은 그냥 삶을 포기하고 서서히 죽습니다.
그러나 또 다른 어떤 독수리들은 바위산으로 갑니다.
거기서 부리를 바위에 비벼서 자릅니다.
발톱도 바위에 긁으면서 갈아서 자릅니다.
그렇게 독수리는 부리와 발톱을 뽑아내는 겁니다.
독수리는 부리가 빠지면 새 부리가 나옵니다.
마치 유치가 빠지면 새 이가 나는 것과 같습니다.
어릴 때 유치는 이를 잘 닦지 않아 썩었어도
새 이가 나오기 때문에 한 번의 기회가 있는 것처럼
독수리에게도 한 번 더 기회가 있는 것입니다.

주님, 독수리는 새 부리가 나오면 그 부리로 불필요한 깃털을 뽑아냅니다.
독수리는 그렇게 뼈를 깎는 고통의 시간을 5개월 정도 보내고 나면
다시 젊음과 힘을 되찾게 됩니다.
그러면 다시 큰 날개로 하늘로 날아오르게 됩니다.
이것이 독수리의 삶에서 일어나는 일입니다.
성경에서의 독수리 이미지는 이런 배경을 두고 있습니다.

주님, 우리 삶에서도 독수리의 부리나 발톱처럼
많은 것들이 굽어있다는 것을 알게 해 주십시오.
또한 많은 깃털이 나 있습니다.
그렇기 때문에 삶이 점점 무겁고 힘들어집니다.
우리가 지은 죄가 삶을 무겁게 합니다.
예전에는 우리가 삶에서 많은 좋은 것을 지닐 수 있었습니다.
그때는 우리가 먹고 싶은 것을 먹을 수 있었습니다.

주님, 시간이 지나면서 우리는 마음대로 할 수 없게 되었습니다.
우리가 음식을 먹고 싶어도 식욕이 없어졌습니다.
우리가 잠을 자고 싶어도 불면증에 걸렸습니다.
우리가 술을 마시고 싶어도 당뇨병에 걸려, 마실 수도 없습니다.
주님, 우리 삶에서 조절 능력을 잃어버렸습니다.
예전에는 우리가 그렇지 않았습니다.
우리가 하고 싶은 것을 할 수가 있었습니다.
주님, 이제 우리 부리는 안으로 굽어져 있고,
발톱은 먹이를 낚아챌 수 없습니다.
아직도 마음은 젊은 것 같은데 우리는 노화현상을 경험합니다.

주님, 그렇다고 하더라도 우리는 희망을 잃지 않게 해 주십시오.
당신이 우리의 바위산입니다.

주님, 당신께 신뢰를 두어야 합니다.
주님, 당신께 우리의 부리를 비벼대어야 합니다.
당신의 용서와 자비에 매달려야 합니다.
우리는 고백성사를 통해 깃털을 뽑아야 합니다.
세례자 요한은 이사야 예언자가 말한 대로
주님의 길을 곧게 내기 위해 왔습니다.
그는 굽은 길을 곧게 똑바로 내게 하려고 왔습니다.
우리도 굽은 길을 똑바로 내도록 해야 합니다.

주님, 이사야서는 희망에 관한 메시지입니다.
이스라엘 백성이 지금 유배지에서 고통과 시련을 겪고 있다고 하더라도
당신께서는 다시 당신의 거룩한 산 예루살렘으로 데려오리라고 약속해 주십니다. 사실 그들은 이미 유배에서 돌아오고 있었습니다.
그들이 유배에서 돌아와 보니,
모든 것이 폐허처럼 변했습니다.

그들은 모든 것을 다시 새롭게 시작해야 했습니다.
그 폐허의 상황만을 보면 절망스럽지만,
예언자 이사야는 다시 희망을 지니라고 이스라엘 백성을 격려하는 겁니다.
유배가 고통스러운 체험이었지만
그 과정을 거쳐 낡은 부리와 발톱을 버리고 새로워질 수 있습니다.

주님, 이제 당신께서 모든 것을 새롭게 하실 것입니다.
당신께 신뢰를 두는 사람은 독수리처럼 날아오를 수 있습니다.
우리 삶에 나뭇가지를 넣으면 쓴물이 단물로 바뀔 것입니다.
당신께서 우리의 힘, 우리의 몫입니다.
당신 안에서 우리는 오래된 옛 습관에서 벗어나
새로운 삶을 향해 나갈 수 있습니다.
독수리에게 바위산에서 자기의 부리를 비벼서 문지르면서 깎아내는 것은
고통스러운 일입니다.
그런 과정에서 때로는 피가 흐르기도 합니다.

주님, 왜 그가 그런 고통스러운 일을 합니까?

바로 미래의 비전을 보기 때문입니다.
미래의 더 나은 삶을 위해서입니다.
우리도 죄스러운 삶에서 빠져나와야 합니다.
독수리가 더 살고 싶은 원의, 미래의 비전을 보고
부리를 바위에 비비면서 깎아내듯이
우리도 삶의 의미를 되찾고자 하는 원의를 지니면서 새로워져야 합니다.
히브리서에서 저자는 하느님께서 우리를 자녀로 대하면서 내리시는 권고를 잊어버렸다고 합니다.
주님의 훈육을 가볍게 여기지 말라고 합니다.

주님, 우리가 겪는 시련과 고통이 있다면,
그것을 당신께서 우리를 다시 새롭게 나도록 가르치는 훈육으로 알고
견디어 내게 해 주십시오.
주님, 모든 훈육이 당장은 기쁨이 아니라 슬픔으로 여기게 되지만,
나중에는 평화와 의로움의 열매를 가져다주게 된다는 것을 알게 해 주십시오.
주님, 우리의 맥 풀린 손과 힘 빠진 무릎을 바로 세워
바른길을 달려가게 해 주십시오.

주님, 바로 독수리처럼 바위산으로 가서
고통스러운 과정을 보내라는 권고로 받아들이게 해 주십시오.
주님, 그것이 당장은 기쁨이 아니라 슬픔이며 너무나 고통스럽지만,
나중에는 평화와 의로움의 열매를 가져다준다는 것을 깨닫게 해 주십시오.
주님, 그런 과정을 거치면 독수리가 다시 힘차게 하늘로 날아오르듯이
우리의 맥 풀린 손과 힘 빠진 무릎을 바로 세우고
당당히 걸을 수 있게 해 주십시오.
주님, 우리는 희망을 지니고 있습니다.
누가 우리의 희망입니까?
바로 당신입니다.

주님, 마태오 복음사가를 통해 당신은 말씀하십니다.
"고생하며 무거운 짐을 진 너희는 모두 내게로 오너라. 내가 너희에게 안식을 주겠다.
나는 마음이 온유하고 겸손하니 내 멍에를 메고 나에게 배워라. 그러면 너희가 안식을 얻을 것이다. 정녕 내 멍에는 편하고 내 짐은 가볍다."(마태. 11, 28)

주님, 우리가 당신의 이 초대를 잊지 않게 해 주십시오.
당신께서 "내가 너희에게 안식을 주겠다."라고 말씀하십니다.
주님, 당신에게 오는 것을 주저하지 말라고 하십니다.
당신에게 가면 우리가 필요한 것을 주시겠다는 초대입니다.
당신이 바위산입니다.
우리는 당신께 가야 합니다.

주님, 당신이 주시는 안식은 궁극적인 것입니다.
우리가 주님께 간다고 해서 처음부터 바로 안식을 느끼는 것이 아닙니다.
우리는 고통스러운 과정을 거쳐야 합니다.
주님, 바위산인 당신에게 우리의 낡은 부리,
낡은 발톱을 비비고 문지르는 고통스러운 과정을 거치게 해 주십시오.
주님, 우리는 분명한 신뢰를 지녀야 합니다.
그 과정을 거치면 다시 새로운 부리, 새로운 발톱을 얻을 수 있습니다.
새 날개로 날아오를 수 있습니다.
그때 우리는 진정 평화를 체험하고 안식을 얻게 됩니다.
마태오 복음에서는
주님께서 "너희는 좁은 문으로 들어가도록 힘써라."라고 말씀하십니다.

바위산으로 가는 문은 좁습니다.

주님, 많은 사람이 바위산으로 가지 않고 그냥 노화되어 죽습니다.

주님, 우리는 그렇게 해서는 안 됩니다.

좁은 문인 바위산으로 가야 합니다.

주님, 당신 말씀처럼 "저희는 주님 앞에서 먹고 마셨고, 주님께서는 저희가 사는 길거리에서 가르치셨습니다."라고 말하는 것으로

충분하지 않다는 것을 우리가 깨닫게 해 주십시오.

주님, 우리는 지난날 제대로 열심히 신앙생활을 했고, 레지오도 열심히 했고, 성령 기도회도 하며, 피정도 했습니다.

주님, 그런데 그것으로 충분하지 않습니다.

주님, 지난날 첫째가 중요한 것이 아니라는 것을 우리가 알게 해 주십시오.

지금 첫째이지만, 꼴찌가 되는 이들이 있을 것이라는

주님의 말씀을 새겨들어야 합니다.

주님 나라는 영원한 것입니다.

우리는 영원한 것을 위해 현재의 작은 것,

세상에서의 쾌락이나 영예를 버릴 줄 알아야 합니다.
우리는 우리 신앙에 항구해야 합니다.
우리는 늘 새로워야 합니다.

주님, 당신께서 니코데모에게 하신
"새로 나야 한다."라는 말씀을 새겨듣게 해 주십시오.
주님, 오늘 우리에게 성령이 오셔서 함께 머무르신다고 하더라도,
내일 떠나게 하면 안 된다는 것을 알게 해 주십시오.
주님, 판관 기드온은 하느님의 영, 성령으로 가득 차 있던 사람입니다.
그가 전리품을 챙기는 어리석음을 저지르고 하느님을 배신하기 때문에,
하느님의 영이 그에게서 떠났습니다.
우리는 하느님의 영이 우리를 떠나게 해서는 안 됩니다.
성령의 불이 꺼지게 해서는 안 됩니다.
그 불길이 더 타오르도록 해야 합니다.
그렇게 하기 위해서 우리는 늘 바위산으로 가서
낡은 부리와 발톱을 뽑고 새 부리와 새 발톱이 돋아나도록 해야 합니다.

주님, 독수리의 특징, 그중에서도 다섯 번째 특징,
다시 젊음을 되찾는 특징을 꼭 마음에 새기게 해 주십시오.
주님, 낡은 부리와 발톱을 주님이라는 바위산에 가서
비비고 문질러서 뽑아 버리게 해 주십시오.
주님, 당신이 새 부리와 발톱을 주실 것입니다.
주님, 우리가 새 부리로 불필요한 많은 깃털을 뽑아 버리게 해 주십시오.
주님, 우리가 가볍게 유연하게 하늘로 날아오르게 해 주십시오.

18. 사무엘과 엘리

주님, 호세아서는 우리에게 들려줍니다.
"내가 응답해 주고 돌보아 주는데 에프라임이 우상들과 무슨 상관이 있느냐? 나는 싱싱한 방백나무 같으니 너희는 나에게서 열매를 얻으리라. 지혜로운 사람은 이를 깨닫고 분별 있는 사람은 이를 알아라. 주님의 길은 올곧아서 의인들은 그 길을 따라가고 죄인들은 그 길에서 비틀거리리라."(호세. 14, 9~10)
주님, 우리가 당신의 길을 따라갈 수 있도록 이끌어 주십시오.
주님, 우리는 록키 산으로 날아가는 것을 주저하지 않게 해 주십시오.
주님, 무엇이 우리를 날아가지 못하게 합니까?
바로 우상들입니다.
무엇이 우상입니까?

우리가 이미 갖고 있는 생각들, 우리 자신의 철학,
우리의 사고방식이 바로 우상입니다.
주님, 이런 것들이
우리가 하느님께 가까이 가는 것을 막지 않게 해 주십시오.
주님께서 우리에게 말씀하십니다.
"모든 답을 너 자신에게서 찾으려고 하지 말라.
답을 주는 이는 바로 나다.
나, 하느님이다. 너의 믿음은 나에게서 온다."
우리는 주님으로부터 답을 얻을 수 있습니다.
우리는 "왜 나에게 이런 일이 일어나는가?"라고 묻습니다.
우리는 자신에게서 그 답을 찾을 수 없습니다.
우리의 시선이 우상에 가 있으면, 우리는 항상 왜?라는 물음을 던집니다.
그러면 점점 우리가 소금기둥이 됩니다.

주님, 우리가 당신께로 날아올라 갈 수 있도록 도와주십시오.
당신께서 우리에게 말씀하십니다.
"내가 너에게 답을 주지 않더냐?
나와 함께 하면 너는 상록수처럼 늘 푸르고 젊음을 유지할 수 있고,
열매를 맺을 수 있다."

우리에게 이것이 가능합니다.

주님, 이런 변화의 경지까지 이르지 못한다면, 왜 그렇습니까?

바로 우리 자신에게서 답을 찾으려고 하기 때문입니다.

주님, 우리는 한계를 지니고 있습니다.

당신의 길은 올곧지만, 죄인들은 그 올곧은 길을 따라가지 못합니다.

지혜로운 사람들은 바위산으로 옵니다.

당신이 바로 바위산입니다.

주님, 당신께서 우리를 돌보아 주십니다.

주님, 중요한 것은, 우리의 협조라는 것을 깨닫게 해 주십시오.

주님, 우리가 개인적인 묵상을 하게 해 주십시오.

주님, 지적 능력으로 알아듣는 것이 아니라

묵상으로 이것이 우리 마음에 녹아들어야 함을 깨닫게 해 주십시오.

사무엘서는 우리에게 들려줍니다.

"누군가 다시 너를 부르거든, '주님, 말씀하십시오. 당신 종이 듣고 있습니다.' 하고 대답하여라."(1 사무 3, 9)

어느 날 사무엘이 성전에서 잠을 자고 있었는데 하느님이 사무엘을 부르십니다. 사무엘은 엘리 사제가 부르는 것으로 알고 그에게 가서 부르셨냐고 묻습니다.
부른 적이 없다고 돌아가서 자라고 하는데, 세 번이나 사무엘이 묻자,
엘리는 주님께서 사무엘을 부르시는 것을 알고
"주님, 말씀하십시오. 당신 종이 듣고 있습니다."라고
대답하라고 알려 줍니다.

주님, 왜 사무엘이 하느님의 목소리를 알아차리지 못했습니까?
사무엘이 아직 주님을 알지 못하고,
주님의 말씀이 사무엘에게 드러난 적이 없었던 것입니다.
다시 말해, 사무엘은 주님의 목소리에 익숙하지 않았습니다.
주님의 목소리를 알아차리지 못했습니다.
주님께서 같은 목소리로 우리를 부르십니다.
우리도 하느님의 목소리에 익숙하지 않으면,
우리도 엘리 사제의 도움이 필요합니다.
우리는 기도를 드립니다.
이것, 저것, 필요한 축복을 달라고 청합니다.
우리는 미사에 와서 성체를 영하기도 합니다.
그러고는 끝입니다. 말하자면, 일방통행입니다.

우리는 주님께 많은 말씀을 드리지만,

주님, 당신께서 우리에게 말씀하실 시간은 드리지 않습니다.
주님, 우리는 우리가 하고 싶은 말만 하고
주님의 말씀은 들으려고 하지 않습니다.
주님께서 우리에게 삶의 해답을 주십니다.
주님, 우리가 들으려고 하지 않습니다.
주님, 기도는 듣는 것임을 알게 해 주십시오.
주님, 우리가 어떻게
당신의 말씀을 들어야 하는지에 대한 훈련이 필요합니다.
우리가 주님께 말씀드리기만 하지 않고
주님께서 우리에게 말씀하시도록 해 드려야 합니다.
주님, 우리가 당신께서 들려주시는 답을 듣게 해 주십시오.

주님, 사무엘처럼
"예, 제가 여기 있습니다. 말씀하십시오."라고 해야 합니다.
그 말씀을 듣고 그것을 삶에 적용해야 합니다.
주님, 우리가 열매를 맺을 수 있도록 도와주십시오.
주님, 그렇게 하기 위해서 우리는 성사적 은총의 도움이 필요로 합니다.
주님, 우리가 지닌 어떤 것도 답이 될 수 없습니다.

주님, 다만 하느님께 봉헌해 드려야 함을 우리가 알게 해 주십시오.
주님, 우리는 독수리처럼 날아오를 수 있습니다.

복조리

복을 담았습니다.
한 웅큼 가득.

복을 품었습니다.
한 아름 가득.

복을 전합니다.
한 마음 담아.

당신을 담았습니다.
복조리에 가득.

나는, 당신은, 우리는
난 품에 담긴 복덩이입니다.

19. 주님 말씀의 의미

주님, 마태오 복음사가는 우리에게 들려줍니다.
"내가 진실로 너희에게 말한다. 이 세대가 지나기 전에 이 모든 일이 일어날 것이다. 하늘과 땅은 사라질지라도 내 말은 결코, 사라지지 않는다."(마태. 24, 34~35)
주님, 당신의 말씀은 하늘에 든든히 세워졌고 영원히 서 있으며,
결코, 사라지지 않습니다.
성경은 다른 책과는 다릅니다.
성경은 두 가지 특징이 있습니다.
첫째, 꿀보다 더 달고,
둘째, 쌍날칼보다 더 날카롭습니다.

성 바오로는 이렇게 아주 명확하게 전합니다.
이것이 바로 우리가 성경을 지니고 있고,

읽으며 묵상하는 이유입니다.
성경은 모두 주님의 영감으로 쓰인 것입니다.
성경은 우리 삶에 도움이 되고, 유익합니다.
주님, 당신의 말씀에는 3가지 의미나 단계가 있습니다.
역사적 의미와 신학적 의미와 신비적 의미입니다.

주님, 첫째, 역사적 의미입니다.
주님, 역사적 의미라고 할 때, 그 뜻은 무엇입니까?
성경은 역사적 사실을 얻는다는 것입니다.
성경과 교회의 가르침은 단순히 역사를 위한 것이 아닙니다.
그것은 우리의 구원을 위한 것입니다.
우리 구원을 위한 영감을 지니고 있습니다.
예를 들어, 다윗이 이스라엘의 기름 부음을 받은 두 번째 왕입니다.
그것은 역사적 사실입니다.
그는 성전 건립을 계획합니다.
그가 죄를 지었습니다.
그는 회심하고, 은총 지위를 다시 얻게 됩니다.
하지만 성전 건립은 솔로몬 대에 가서 이루어집니다.

주님, 둘째 신학적인 의미라는 것은

예를 들어, "하느님은 사랑이시다."라고 말하는 것의
그 의미를 부여하는 것입니다.
주님께서는 벌을 주시는 분이 아니라 사랑이신 분이라고 하면,
그것은 신학적인 의미를 부여하는 것입니다.
신학자들은 그렇게 쉽게 말하지 않습니다.
전임 교황이신 베네딕토 16세께서는 아주 지적으로 뛰어난 학자였습니다.
그의 첫 회칙이 나왔을 때,
그 제목을 보고 사람들이 놀랍니다.
그 제목이 "하느님은 사랑이시다."입니다.
그렇게 학식이 높은 분에게서 나온 회칙의 제목이
바로 "하느님은 사랑이시다."였습니다.

주님, 어떤 구루가 제자들을 데리고 3개월 동안 수련을 했습니다.
그의 가르침은 재미있고, 훌륭했지만 너무나 단순했습니다.
제자 중의 한 사람이 스승에게 말했습니다.
"스승님의 가르침은 너무 단순합니다."
그 구루가 말했답니다.
"그래. 나의 가르침은 단순하다.

네가 원하면, 잘 해석해서 복잡한 것으로 만들어 보아라."
주님, 복잡한 가르침은 말하는 사람도, 듣는 사람도 무슨 말인지를 잘 모릅니다. 성 빈센트가 말했습니다.
"하느님에 관하여 설교하려거든 아주 간단하게 하라.
그럴 수 없다면, 하느님에 대해 아예 가르치려고 하지 마라."
주님, 셋째는 신비적 의미입니다.
우리는 대개 역사적, 신학적 의미에서만 성경을 이해합니다.
성경을 통해 지식을 얻는 것은 좋습니다.
그러나 거기서 멈추어서는 안 됩니다.
더 나아가야 합니다.
우리는 신비적 의미의 차원까지 나아가야 합니다.
이 차원은 우리가 주님과 개인적인 관계를 맺는 차원입니다.
주님, 오늘 당신께서 우리에게 아주 개인적으로 말씀하십니다.
당신은 오늘 우리의 응답을 목말라하십니다.
우리가 당신의 말씀을 듣고 응답해야 삶에 의미를 부여할 수 있습니다.

주님, 이것은 우리와 당신의 개인적인 관계입니다.
주님, 우리가 역사적 의미나 신학적인 의미의 차원에만 머물면,

결코, 좋은 신자라고 할 수 없습니다.
유명한 신학자 칼 라너가 말했습니다.
우리가 마음에서 마음으로 전달되어야 합니다.
우리가 말씀을 들으면, 먼저 앉아서 그 말씀에 대해 묵상하고
그 말씀을 통해 주님과 일치를 이루어야 합니다.
주님, 그 말씀이 열매를 맺을 수 있게 된다는 것을
우리가 알게 해 주십시오.

주님, 당신께서 사도들을 부르셨을 때,
"내가 너희를 사람 낚는 어부가 되게 하겠다."라고 말씀하셨습니다.
주님, 우리가 어부에게는 그물이 필요하다는 것을 알게 해 주십시오.
주님, 무엇이 그물입니까?
주님, 바로 당신의 말씀입니다.
주님께서는 그물을 사용하십니다.
주님께서는 사마리아 여인에서부터 우도에 이르기까지,
주님께로 돌아오도록 하십니다.
불교도들이 말합니다.
"하느님의 말씀이 우리를 어루만져 줄 수 있습니까?"

불교 경전은 철학이지만, 성경은 철학이 아닙니다.

주님, 철학은 우리의 지적인 부분을 어루만져 줍니다.
그 철학을 통해 우리는 삶의 태도를 바꿀 수 있습니다.
성경은 우리 삶과 깊게 연관되어 있습니다.
그것은 단순한 철학이 아닙니다.
우리 마음을 어루만져 주고,
그렇게 함으로써 우리 삶을 바꿉니다.
그 신비적인 의미의 차원으로 내려오면 삶이 변화됩니다.
철학은 생각에 영향을 줄 수 있지만,
주님의 말씀을 묵상하면,
우리 삶과 깊이 연결되어 있음을 알게 됩니다.
주님, 우리가 지식적인 차원에서부터
마음에서 녹아낼 수 있도록 하게 해 주십시오.

20. 쉐마: 들어라

주님, 당신께서는
"스승님, 율법에서 가장 큰 계명은 무엇입니까?"라고 묻는 어느 율법 교사에게 말씀하시지요.
마태오 복음사가가 우리에게 전해 줍니다.
"주님께서 그에게 말씀하셨다.
'네 마음을 다하고 네 목숨을 다하고 네 정신을 다하여 주 너의 하느님을 사랑해야 한다.'
이것이 가장 크고 첫째가는 계명이다.
둘째도 이와 같다.
'네 이웃을 너 자신처럼 사랑해야 한다.'라는 것이다.
온 율법과 예언서의 정신이 이 두 계명에 달려 있다."(마태. 22, 37~40)
주님께서 첫째라고 말씀하신 대목은
바로 신명기 6, 4~5를 그대로 인용한 것입니다.

사실 이 부분은 이스라엘 사람들에게는 바로 그들의 신경이었습니다.

주님, 그들은 그것을 쉐마라고 불렀는데,
쉐마는 '듣는다.'라는 히브리어의 명령형입니다.
주님, 그들에게는 하느님의 말씀을 듣는 것이 너무 중요하기 때문에
쉐마, '들어라'라는 말을 항상 문장에 맨 앞에 두었습니다.
쉐마는 이스라엘의 유일신 사상의 근간을 이루는 선언으로
그들은 회당에서 예식을 할 때도 항상 쉐마로 시작했습니다.
그들이 신경으로 만든 쉐마의 온전한 문구는
신명기 6, 4~9과 11, 13~21과 민수기 15, 37~41을 합쳐서 만들었습니다.
주님께서 율법학자들과 바리사이들을 꾸짖으시면서
"그래서 성구갑을 넓게 만들고 옷자락 술을 길게 늘인다."(마태 23, 6)
라고 하셨습니다.

주님, 이스라엘 사람들에게 쉐마가 얼마나 소중한 것인지를 알 수 있지요.
주님께서는 첫째가는 계명이 다름 아닌,

바로 너희가 매일 외우고 소중하게 넣고 다니는 그 쉐마라고 하십니다.
주님, 당신은 그것을 외우고 성구갑에 넣고 다니는 것이 중요한 것이 아니라
실천하는 것이 중요함을 상기시켜 주십니다.
당신께서는 둘째도 이와 같다고 하시며,
이웃을 자신처럼 사랑하는 것이라고 말씀하신 부분은
레위기 19, 18절에서 인용하신 것입니다.

주님, 당신은 그들이 잘 알고 있는 대목을 그대로 인용하시지만,
여기에서 이웃의 범위를 확장시키십니다.
그들에게 이웃은 오직 이스라엘 동포였습니다.
주님께서는 착한 사마리아인의 비유를 통해
이웃은 우리의 도움이 필요한 모든 사람이라고 분명하게 말씀하십니다.
주님, 당신은 율법에 매어 있는 바리사이인들이나 율법 학자들을
호되게 질책하셨기 때문에
우리는 율법 자체에 대한 오해를 지닐 수 있습니다.
율법은 별로 좋지 않은 내용이 들어 있는 것으로 말입니다.

그것은 아니지요.

주님, 율법의 원래 정신은 깊이 새겨야 할 당신의 말씀이지요.
문제는 율법 학자들이 율법을 세분화하다가 보니까
그냥 평범한 일반 사람들이 지킬 수 없는 복잡한 규정을 만들고,
그 규정 때문에 그것을 제대로 지킬 수 없는
약한 자, 가난한 자를 죄인으로 만드는 것이었지요.
주님, 왜 율법학자가 예수님께 와서 그들이 너무 잘 알고 있는
그런 물음을 던졌을까요?
법, 계명 등에 관해서는 일가견이 있다고 자부하는 율법학자가
그런 물음을 던진 속내를 헤아려 봅니다.

주님, 역사적으로 살펴볼 때,
유대인들 안에 두 가지 경향을 볼 수 있어요.
하나는 법이나 계명을 세분화하는 것이고,
다른 하나는 세분화된 여러 율법이나 계명을
다시 가닥을 잡아 큰 줄기를 찾고

몇 가지 핵심으로 압축하는 경향이지요.
세분하는 일은 주로 율법학자들이 하고,
법의 본질을 담아서 압축하는 일은
주로 예언자나 유명한 랍비 등의 대가들이 했지요.
모세가 받은 십계명을 613가지의 법으로 세분화했는가 하면,
그것을 다시 몇 가지로 모으는 시도를 구약 성서 안에서 찾아볼 수 있습니다.

주님, 압축했던 몇 가지 예를 들어 볼까요?
다윗은 시편 15에서 마땅히 지켜야 할 법을 11가지로 압축합니다.
"주님, 누가 당신 천막에 머물 수 있습니까?
누가 당신의 거룩한 산에서 지낼 수 있습니까?
흠 없이 걸어가고
의로운 일을 하며
마음속으로 진실을 말하는 이,
혀로 비방하러 쏘다니지 않고
제 친구에게 악을 행하지 않으며
제 이웃에게 모욕을 주지 않는 이라네.
그는 악인을 업신여기지만

주님을 경외하는 이들은 존중한다네.
손해나는 맹세라도 그는 바꾸지 않고
이자를 받으려고 돈을 놓지 않으며
무죄한 이에게 해되는 뇌물을 받지 않는다네.
이를 실행하는 이는
영원히 흔들리지 않으리라."(시편 15. 1~5)

주님, 이사야 예언자는 누가 야훼의 법을 지켜 구원받을 수 있는가를 물으며
다시 6개로 압축합니다.
"의롭게 걷는 이와 정직하게 말하는 이
강압으로 얻는 이익을 업신여기는 이
뇌물을 받지 않으려고 제 손을 뿌리치는 이
살인하자는 소리를 듣지 않으려고 귀를 막는 이
악한 일을 보지 않으려고 눈을 감는 이"(이사 33, 15)

주님, 미가 예언자는 다시 3개로 압축합니다.
첫째, 정의를 실천하는 일,
둘째, 기꺼이 은덕에 보답하는 일,
셋째, 조심스레 하느님과 함께 살아가는 일입니다.(미가 6, 8)
당시 이스라엘의 유명한 랍비들도 몇 개, 또는 하나로 압

축하기도 했지요.
주님 시대 당시에 많은 제자들이 따랐던
가장 유명한 랍비는 힐렐이라는 사람이었습니다.

주님, 그는 당시 법에 관해 묻는 사람들에게 유명한 말을
남겼어요.
"네가 하고 싶지 않은 것은 네 이웃에게도 하게 하지 말라.
이것이 법의 전부이다. 나머지는 다만 주석에 불과하다."
주님께서 말씀하신 황금률과 비슷하지요.
또 다른 유명한 대가 중의 한 사람인 아키바라는 랍비는
"네 이웃을 네 몸처럼 사랑하라. 이것이 모든 법의 원칙이
다."라고 했지요.
아키바도 예수님과 같은 말을 하지요.
두 분 다 성서를 인용하신 것이지요.

주님, 율법 학자가 당신께 와서 첫째가는 계명이 무엇인가
라는
그런 물음을 던진 것은 한편으로는 예수님을 떠보거나 시
험한 것이기도 하고,
다른 한편으로는 주님을 대가의 한 사람으로 인정하면서
가르침을 구한 것이 아닐까? 하는 생각도 하게 됩니다.

주님, 사랑이 무엇입니까?

주님을 사랑하고 이웃을 사랑한다는 것이 구체적으로 무엇일까요?

두려움 없이 하느님께, 그리고 이웃에게 나아가는 것이 아닐까요?

성 이냐시오는 사랑은 말에 있지 않고 행동에 있다고 하셨습니다.

가만히 우리 자신을 돌아보면

우리는 선뜻 이웃에게 다가가지 못하지요.

주님, 왜 그렇습니까?

상처받을까 봐 두렵기 때문이지요.

요한은 그의 서간에서 말합니다.

"사랑에는 두려움이 없습니다."

칼릴 지브란의 '사랑에 대하여'라는 시에서

지브란도 사랑을 하면서 열망을 지녀야 한다면

"그대가 사랑을 앎으로써 상처받음을 두려워하지 않고

기쁜 마음으로 기꺼이 피 흘리고자 하는 열망."을 지니라고 합니다.

두려워하지 않는다.

참 그게 쉽지 않습니다.

주님, 성경 전체를 관통하는 아주 중요한 메시지의 하나가
바로 "두려워하지 말라."라는 것입니다.
우리가 살아가면서 말이 아닌 행동으로 사랑을 실천하려면,
거기엔 반드시 피 흘리는 아픔이 따르기 마련입니다.
우리는 그것이 두려워 선뜻, 우리의 사랑을 필요로 하는
이웃에게 나아가지 못합니다.

주님, 사랑은 용기이기도 하다는 것을 우리가 알게 해 주십시오.
성 요한에 의하면, 참 쉽지 않음에도 불구하고
우리가 사랑할 수 있는 것은
"그분께서 먼저 우리를 사랑하셨기 때문"이라고 합니다.
요한은 "누가 '나는 하느님을 사랑한다.'라고 하면서
자기 형제를 사랑하지 못하면 그는 거짓말쟁이"라고 말하는
것입니다.
눈에 보이는 자기 형제를 사랑하지 않는
주님, 우리가 보이지 않는 주님을 사랑할 수는 없다는
요한의 말은 진리라는 사실을 알게 해 주십시오.
당신께서 하느님을 사랑하는 것과 이웃을 사랑하는 것은
둘이 아니라 하나라고 하신 말씀을
우리가 깊이 묵상하도록 이끌어 주십시오.

주님, 모든 사랑은 당신에게서 온다는 것을
우리가 언제나 잊지 않게 해 주십시오.
주님, 우리가 살면서 참 사랑하기 힘들다고 느낄 때가 많이 있습니다.
또 어떤 사람을 사랑하는 것은 거의 불가능하다고 생각되기도 하고요.
그렇습니다.
사실 우리 힘으로는 불가능하지요.
당신이 먼저 우리를 사랑하셨다는 것을 머리로서가 아니라 가슴으로부터 느끼고 알 때,
우리에게 불가능하게 보이던 일이 가능해짐을 알게 해 주십시오.

주님, 우리가 깊이 묵상할 가장 중요한 사실은
당신께서, '하느님 사랑'과 '이웃 사랑' 이 두 계명을
하나로 묶으셨다는 것이 사실임을 깊이 묵상하게 해 주십시오.
주님, 이스라엘 사람들에게 '하느님을 사랑하는 것'과
이웃을 사랑하는 것은 별개의 내용이었습니다.
그렇습니다. 이 둘은 다른 것이 아닙니다.
사랑한다는 것, 말하기는 쉽지만 행하기는 참 어렵습니다.

주님, 바르게 하느님을, 그리고 이웃을 사랑하는 법을 가르쳐 주십시오.

별 그 위에

저 별 위에
반짝여야 하는 이.

저 별처럼
빛나야 하는 이.

그게 당신입니다.

그대 희망의 별처럼
빛나시길.

그대 사랑의 별처럼
아름다우시길.

21. 요나의 기적

주님, 새 성경이 '표징'으로 옮겼습니다마는
공동 번역에서는 '기적'으로 옮겼습니다.
주님, 새 성경이 조금 더 원문을 직역한다고 하면서 그렇게 옮긴 것으로
사료됩니다마는, 사실 의미상으로는 '기적'이 더 맞는 것이 아닙니까?
주님, '요나의 사건'은 깊은 상징적인 의미를 지니고 있다는 점에서
표징이지만, 사건 자체는 기적이 아니었습니까?
사람들은 주님에게 표징보다는 기적을 요구한 것입니다.
마태오 복음사가는 우리에게 전합니다.
"그때에 율법 학자와 바리사이 몇 사람이 예수님께 말하였다. '스승님, 스승님이 일으키시는 표징을 보고 싶습니다.' 그러자 예수님께서 대답하셨다. '악하고 절개 없는 세대가

표징을 요구하는구나! 그러나 요나 예언자 표징밖에는 어떠한 표징도 받지 못할 것이다. 요나가 사흘 밤낮을 큰 물고기 배 속에 있었던 것처럼 사람의 아들도 사흘 밤낮을 땅속에 있을 것이다.'"라고 말씀하셨다.(마태오 12, 38~41)

주님, 실상 '요나의 기적'이야말로 최고의 기적을
미리 예표하고 있는 놀라운 사건이기도 합니다.
물고기 배 속에 들어갔다가 사흘 만에 살아난 요나의 사건은
주님의 죽음과 부활을 상징적으로 예표하는 사건이기도 하니까요.
주님 말씀 안에 얼마나 깊은 함축적인
의미를 담고 있는지를 보며 놀라게 됩니다.

주님, 당신은 이미 죽음과 부활을 예감하고 계셨던 것으로 느껴집니다.
한편 이방인 나그네에 불과한 요나의 외침에
니네베 사람들이 모두 베옷을 입고 단식을 선포하며
회개했다는 사실은 참으로 놀라운 기적이 아닐 수 없습니다.
주님, 생각해 보면, 당시 이스라엘이라는 조그만 나라에서 온 나그네 요나,
그리고 최강대국의 수도에 사는 자부심으로 가득찬 니네

베 사람들.
당시 최강대국 아시리아라는 나라의 큰 도시 니네베는
오늘날 미국의 뉴욕이나 중국의 북경에 견줄 수 있을 것입니다.

주님, 요나 이야기는 상황이 이런 것이 아닙니까?
이라크에서 온 한 나그네가 뉴욕에 가서
이라크를 침공한 미국은 회개해야 한다고 외쳤더니,
또는 티베트에서 온 한 승려가 북경에 가서
티베트를 침략하여 합병시킨 중국은 회개해야 한다고 외쳤더니,
뉴욕 시민이나 북경 시민들이 모두 회개의 표시로 베옷을 입고
단식을 했다는 것이 아닙니까?

주님, 이것이 상상이 됩니까?
이것은 정말 놀라운 기적이 아닐 수 없습니다.
주님, 요나서는 해학과 위트가 담겨 있는 아주 재미있는
이야기이기도 합니다. 주님의 말씀이 요나에게 내립니다.
"어서 저 큰 도시 니네베로 가서 내가 일러 준 말을 전하여라."
거리를 가로지르는 데, 사흘이나 걸리니까

돌아다니는 데는 족히 일주일은 걸리는 큰 도시 니네베는 어떤 곳이겠습니까?

주님, 니네베는 원래 고대 중동 지역에서 강대한 제국을 이루었던
아시리아의 수도입니다.
기원전 900년경에 아시리아는 막강한 군사력과 경제력을 가지고
국제도시 니네베를 건설했습니다.
오늘날 국제 경찰을 자처하는 미국이라는 나라에서
부의 상징인 뉴욕이라는 도시를 생각하면, 쉽게 이해가 될 것입니다.
어떤 사람에게는 떠오르는 신강대국 중국의 북경이
더 실감나는지도 모르겠습니다.
마치 중국이 티베트를 침공하여 삼켰듯이,
아시리아는 북부 이스라엘을 침공하여 멸망시켰습니다.

주님, 세계 도처에서 전쟁이 일어나고 있습니다.
러시아가 우크라이나를 침공했습니다.
이스라엘과 팔레스타인의 전쟁은 한치 앞을 알 수 없습니다.
아시리아의 군대는 연승가도를 달렸고,

그들의 잔인성과 만행은 악명 높았습니다.
요나가 볼 때, 니네베는 분명 원수의 도시입니다.

주님, 우리는 요나서를 제대로 읽게 해 주십시오.
시대 배경이나 상징적인 의미 등을 제대로 알고 읽게 해 주십시오.
니네베는 실상 아시리아의 수도 니네베가 아님을 알게 해 주십시오.
요나 시대에 이미 니네베는 존재하지 않았으니까요.
해 저물지 않을 줄 알았던 니네베도 300년이 채 못 되어
기원전 600년경 새로운 강대국 바빌로니아에 의해
완전히 잿더미가 되고 말았습니다.
주님, 우리가 요나서를 통해 러시아와 우크라이나 전쟁의 심각성을
제대로 알게 해 주십시오.

주님, 요나서는 그 후로부터 상당한 시대가 지난 다음에 쓴 이야기라는
우리가 알게 해 주십시오.
니네베는 상징의 도시입니다.
주님, 루돌프라는 독일 신학자 신부는

'요나 이야기의 니네베는 인간이 존재하는 한 반드시 존재한다.'
라고 역설합니다.
그렇습니다.
이 니네베는 오늘날도 세계 도처에 존재하고 있습니다.
니네베는 남과 더불어,
또는 다른 나라와 더불어 살려고 하지 않고 자기의 욕심만,
또는 자국의 이익만을 추구하는 곳은 어디에나 있기 때문입니다.

주님, 강자가 약자를 지배하고 자신의 이익을 위해서
남을 멸시하고 우습게 여기고
수탈하는 곳이 바로 니네베입니다.
동북공정을 통해 역사를 왜곡하고
서서히 한반도를 잠식하려는 중국 정부가 있는 북경이 니네베입니다.
독도를 자기네 땅이라고 우기는
일본의 우익 정권이 있는 동경도 니네베입니다.
물론 백성을 수탈하면서
세습 독재정권을 이끄는 북한의 평양도 니네베입니다.
주님, 서울은 어떻습니까?

그런데 니네베는 도시만이 아닙니다.
주님, 그곳이 정부이든 정당이든 회사이든 단체이든 공동체이든
악의와 미움과 억압과 폭력과 완력으로
다른 사람들과 더불어 살지 못하게 하고 자기들만 군림하려고 하는 곳은
어디이든 니네베라는 것을 우리가 깨닫게 해 주십시오.
주님, 니네베는 무한한 인간의 욕망을
허무한 물질과 재화로 채우기에 급급하면서
신의와 정의와 사랑과 바른 인간의 도리 등의
가치에 대한 감각을 잃어버린 곳이기도 하는 것을
우리가 깨닫게 해 주십시오.

주님, 그렇다면, 우리는 어떻습니까?
우리도 니네베 사람이 아닌가?라는 질문을
솔직하게 우리 자신에게 던져 보게 해 주십시오.
니네베는 분명 베이징이나 동경이나 평양에만 있는 것은 아닙니다.
니네베는 바로 우리 자신 안에도 있습니다.
헤르만 헤세는 "나는 세상의 모든 전쟁과 살의,
경박함, 덧없는 쾌락, 비겁 등이 내 안에 있다는 것을 새삼

깨달았다."
라고 말한 바 있습니다.

주님, 요나 이야기는 바로 이런 니네베, 고대의 구체적인 한 도시가 아닌,
바로 우리의 이야기이기도 하다는 것을 우리가 깨닫게 해 주십시오.
그곳이 어디이든지 과거이든 현재이든,
미국이든 중국이든 일본이든 북한이든 한국이든
이런 니네베에는 사랑과 평화가 없습니다,
미래에 대한 희망이 없습니다.
그렇기 때문에 하느님께서는 우리를 위해서 요나를 보내신 것입니다.

요나서는 이렇게 시작합니다.
"주님의 말씀이 아미타이의 아들 요나에게 내렸다.
'일어나 저 큰 성읍 가서, 그 성읍을 거슬러 쳐라.'"(요나 1, 1)
주님, 요나가 아시리아의 수도인 니네베에 가서
주님의 말씀을 전하라는 명을 받은 것입니다.
요나는 그 하느님의 명을 어기고 당시 땅끝이라고 생각했던
지금의 스페인 타르시스로 도망을 칩니다.

배가 태풍을 만나게 되자
요나는 자기 때문이라는 것을 알고 바다에 뛰어들었습니다.
요나는 큰 물고기의 배 속에 사흘 동안 있게 되었지요.

주님, 결국 요나는 다시 니네베로 가서 외치고
그 도시가 야훼 하느님의 심판을 면하게 됩니다.
요나는 몹시 못마땅합니다.
요나는 니네베에 대한 미움을 버리지는 못합니다.
이것을 본 하느님께서는 요나의 어리석음을 깨우쳐 주십니다.
요나는 주님을 예표하는 인물이면서도 동시에
가장 평범한 우리 인간을 대표하는 인물입니다.
주님, 루돌프 신부는 요나 이야기를 깊이 묵상하면,
요나가 우리와 너무 비슷하여 그와 우리를 떼어 놓고
생각하기 힘들 정도라고 말합니다.

주님, 요나가 주님을 피하여 타르시스로 달아나려고 한
이유가 무엇입니까?
요나에게는 원수의 도시 니네베로 가서 회개하라고
외칠 마음이 조금도 없습니다.
그들이 행여 뉘우쳐서

하느님의 용서를 받는 꼴을 보고 싶지 않은 것입니다.
바로 우리의 모습이지요.
요나서가 우리에게 들려주는 메시지는
단순히 니네베나 요나, 그리고 우리의 회개가 아닙니다.
요나를 통해 또 하나의 요나이면서
동시에 니네베 사람이기도 한 우리에게 보여주시는 주님의 사랑입니다.
물론 회개도 요나 이야기 주제의 하나이지만,
회개보다는 하느님의 사랑이 이 이야기의 더 큰 주제입니다.

주님, 당신은 요나의 눈에 가망이 없어 보이는 그런 최악의 도시
니네베 사람들에게도 살길을 알려 주신다는 것을 우리가 알게 해 주십시오.
주님, 당신은 요나를 니네베로 보내심으로써
참된 삶으로 돌아서는 길을 알려 주시고,
주님이 니네베 사람들에게 몸소 참된 삶,
영원한 행복이 되기를 원하신다는 것을 우리가 알게 해 주십시오.
주님, 우리는 원수인 니네베 사람들이 망하기를 바라지만,
당신은 전혀 다르신 분이십니다.

주님, 그것이 요나나 우리에게는 몹시 못마땅하지만,
당신은 다른 분이시라는 사실을 우리는 분명히 알게 해 주십시오.

주님, 당신의 사랑이 바로 현대를 사는 니네베 사람인 우리 자신에게,
그리고 이웃에게 선포해야 할 메시지라는 것을 우리가 알게 해 주십시오.
주님, 우리는 당신만이 우리가 추구하는
진정한 행복을 가져다 주시는 분임을 알게 해 주십시오.
주님께서는 우리의 행복만 원하시는 것이 아닙니다.
우리가 미워하는 그 사람의 행복도 원하십니다.
우리가 진정 복된 삶을 살기 위해서는
우리 안에 있는 모든 니네베적인 요소들을 버려야 합니다.
우리 안에 있는 거짓과 미움, 악의와 시기, 질투와 음모를 버리고
사랑을 받아들여야 합니다.
원수를 사랑하라는 주님의 말씀이 단순히 강조어법이 아니라
있는 그대로의 진리라는 사실을 진정으로 받아들여야 합니다.

주님, 무엇보다 우리 삶의 첫 자리에 당신을 모시게 해 주십시오.

주님, 우리가 삶을 살아가면서 필요한 것이 많이 있습니다.
사랑하는 사람들, 친구들, 필요한 것을 살 수 있는 돈,
어느 정도의 여유, 즐거움을 주는 오락과 취미 활동 등등.
모두 우리에게 필요한 것이고 좋은 것이고
인간다운 삶을 위해 소중한 것이기도 합니다.

주님, 그런 것들이 우리 삶에 중심이 되어서는 안 됨을 알게 해 주십시오.

주님, 사랑이신 당신을 우리 삶의 첫 자리에 두게 해 주십시오.

22. 묵주기도

주님, 교회는 성모님에 대한 여러 가지 좋은 신심 행위를 지니고 있습니다.
그중에서 가장 좋은 것은 묵주기도입니다.
묵주기도는 성서적 묵상이며 복음에 충실에 복음 기도입니다.
주님, 묵주기도가 어떻게 시작되었습니까?
묵주기도가 교회 안에 들어와서 자리 잡게 되었는지 관해서는
여러 다른 주장들이 있습니다.
가장 일반적이고 전통적인 주장은
1214년 성 도미니코에 의해 도입된 기도라고 하는 주장입니다.
13세기경에는 교회에 이단이 아주 많았습니다.
많은 이단 때문에 교회의 진리에 입각한 신앙에서

많이 벗어나 있는 신자들이 많이 있었습니다.
이단 때문에 교회가 아주 어려움을 겪는 시기였습니다.
주님, 성 도미니코가 프랑스의 어느 숲속에서
3일 동안 계속 기도를 드리고 있었답니다.
어느 날, 성모님께서 성 도미니코에게 발현하셨습니다.
성모님은 그에게 묵주를 주시면서
이것을 잘 이용하면 이단을 물리치고 진리의 교회로 돌아올 수 있도록
도움을 줄 것이라고 말씀하셨답니다.
성 도미니코가 이것을 실천했답니다.
정말 이 묵주기도를 통해 많은 기적이 일어나고,
교회가 이단에서 빠져나올 수 있게 되었답니다.
그때부터 묵주기도가 교회 안에서 아주 강력한 도구가 되었다고 합니다.
성 도미니코를 통해 세우진 도미니코 수도회를 통해
묵주기도는 점점 세상 안에 널리 전파하게 되었다고 합니다.
주님, 이것이 교회가 알고 있는 보편적인 묵주기도에 대한
유래입니다.

주님, 많은 교회의 학자들이 이 전통적인 묵주기도의 유래에 대해

전적으로는 동의하지 않습니다.
그들은 묵주기도는 성 도미니코 개인에 의해서가 아니라,
수 세기에 걸쳐 수천 명의 사람들의 손을 통해
서서히 발전된 것이라고 합니다.
어떤 학자들은 9세기경에
주님의 기도와 성모송으로 엮어지게 되었다고 주장합니다.
그 이전에는 시편 150편에서 시작되었다고 합니다.
수도자들은 보통 시편 150편을 암송했습니다.
일반 사람들은 그들이 암송하는 시편을 다만 들었습니다.
그러나 외울 수는 없었답니다.

주님, 대부분 사람이 읽고 쓰는 것을 못하는 문맹이었으니까요.
설령 수도자나 일반 사람들이 글을 알아
시편 150편을 다 알고 외운다고 해도
그것은 너무나 길고 다 기도드릴 충분한 시간이 없었답니다.
수도자들이 기도할 때 시편 대신,
150번의 '주님의 기도'로 대체하여 드리기도 하였답니다.
그 '주님의 기도'를 여러 번 드리면서 시편을 대신 한 것이지요.
수도자들은 기도 시간이 충분하지만,

일반 신자들은 대부분이 농부들인데 일을 해야 하니까
'주님의 기도'를 150번 드리는 것도 시간이 너무 길어지니까 줄인 것입니다.

주님, 카르투시오 수도회에서 일반 신자들은 150번을 50번으로 줄여서
기도하도록 권면해 주었답니다.
50번을 잘 기도드리기 위해서 사람들은 작은 지갑 같은 주머니를 만들고
거기에 작은 돌 50개를 넣어 그 돌을 하나씩 세면서 기도하였답니다.
그것이 역시 불편한 것을 본
어느 수도자가 줄을 가지고 작은 나무 조각을 50개를
그 줄에 꿰어서 만들었습니다.
그것이 묵주의 시초라는 것입니다.

주님, 처음에 50번의 '주님의 기도'를 하다가
중간에 성모송을 하는 것으로 바뀌게 되었습니다.
마침내 14세기에는 한 번 주님의 기도와 10번의 성모송을 하는 것으로
틀을 잡게 되었다고 합니다.

15세기에는 비오 5세께서 '영광송'을 덧붙여서 하도록 되었답니다.
먼저 '주님의 기도'를 한 번 드리고 '성모송'을 10번 드리고, '영광송'을 한 번 드리고 2번째 단으로 넘어가기 전에, 성경에서 한 구절을 읽는 것으로 발전하게 되었다고 합니다.
어느 다른 학자는 50번의 주님의 기도를 할 때도
그 사이 사이에 성경 구절을 읽곤 했다고 주장합니다.

주님, 학자마다 견해와 주장이 조금씩 다릅니다.
그러나 분명한 것은 16세기에 들어와서
세 가지 신비, '환희, 고통, 영광의 신비가
확실하게 자리 잡게 되었다는 것입니다.
중요한 것은 수도자들이 먼저 묵주기도를 드리기 시작했고,
일반적으로 세상에 보급하게 되었다는 사실입니다.
나중에는 '사도신경'을 넣게 되었습니다.
그리고 1917년 파티마의 기도, 구원송이 첨가되었습니다.
주님, 이렇게 묵주기도는 교회 역사 안에서
서서히 오늘날의 기도 형태로 자리 잡게 되었습니다.

주님, 묵주기도를 통해 수많은 기적이 일어났습니다.
어느 나라에서는 아주 놀랍고 강력한 기적이 일어나기도

하면서

이런 기적들에 의해 사람들이 묵주기도를 점점 사랑하게 되었습니다.

현대에 들어와서 첫째 신비인 '환희의 신비'와

둘째 신비인 '고통의 신비' 사이에

큰 공간이 비어 있다는 것을 염두에 두기 시작했습니다.

첫째 신비인 '환희의 신비'

마지막 "예수님을 성전에서 찾으심을 묵상"하는 것에서

예수님의 공생활이 다 빠지고

바로 둘째 신비의 첫째 묵상, '겟세마니'로 바로 넘어가는 것에 대해

뭔가 부족한 것을 느끼게 되었고,

2002년에 다른 새로운 신비가 보충되었습니다.

그것이 바로 '빛의 신비'입니다.

주님, 우리는 어떻게 묵주기도, 로사리오가 발전했는지를 살펴보았습니다.

묵주기도는 성서적인 기도라고 했습니다.

2002년 빛의 신비가 보충됨으로써 완벽하게

성서적 기도의 모습을 갖추게 되었습니다.

로사리오는 원래 장미 정원을 뜻하는 라틴어,

로자리움(rosarium)에서 유래되었습니다.

묵주기도를 통해 우리는 장미 꽃다발을 성모님께 드리게 됩니다.
묵주 한 알 한 알이 바로 장미 한 송이입니다.
우리가 묵주기도를 드림으로써
우리는 성모님 머리에 장미 화관을 만들어 드리는 것입니다.

주님, 로사리오는 성경에 기반을 둔 기도입니다.
아주 강력한 힘을 지닌 기도입니다.
교황 요한 23세는 매일 묵주기도 15단을 드리신 것으로 알려져 있습니다.
교황 요한 바오로 2세는 묵주기도야말로
가장 아름다운 기도라고 여러 번 말씀하셨습니다.
주님, 묵주기도에 대한 글이나 문헌들이 얼마나 많이 씌여졌습니까?
주님, 각각의 신비는 하나하나 얼마나 아름답습니까?
주님, 성경의 중요한 메시지를 가장 잘 요약하고 있습니다.
주님, 묵주기도를 드림으로써 우리는 성경을 묵상하게 해 주십시오.
주님, 묵주기도를 드림으로써
우리는 당신의 말씀을 마음에 새기게 해 주십시오.
주님, 우리가 묵주기도를 사랑하도록 해 주십시오.

23. 요세피나 바키타

주님, 어떤 사람들은 무엇을 믿는지 모르고 있습니다.
그들은 미신이나 '뉴 에이지'나 다른 철학을 초청합니다.
사도행전에서 보면,
바오로는 우선 그리스의 이방인을 칭찬합니다.
"당신들은 종교적입니다."
그리고 선교를 합니다.
"내가 보니 '알지 못하는 신에게'라고 새겨진 제단도 있습니다.
이제 여러분이 알지도 못하고 숭배하는 그 신이,
실상 누구이신지를 알려 드리겠습니다."(사도 17, 20)

주님, 그분은 바로 세상과 그 안에 있는 모든 것을 만드셨습니다.
그분이야말로 하늘과 땅의 주님입니다.

바로 우리는 주님께로 나아가야 한다는 것입니다.
'알지 못하는 신'은 이기적인 욕망을 채우려는 것을 상징합니다.
그런 마음으로 진정 믿음을 받아들이기는 불가능합니다.
어떤 사람은 결혼하고 이혼하고 또다시 이혼하기도 합니다.
그는 '알지 못하는 신'을 찾아갑니다.
'알지 못하는 신'은 계시되지 않은 신입니다.
그런 신은 희망을 줄 수 없습니다.

주님, 오직 계시된 주님만이
우리에게 희망을 줄 수 있다는 것을 보게 해 주십시오.
우리는 이것을 성인들의 삶을 통해서 보게 됩니다.
아프리카 수단 출신의 성녀가 있습니다.
그녀의 이름은 바로 요세피나 바키타입니다.
그녀는 1869년에 태어나서 1947년에 선종하신 분입니다.
그녀는 2000년에 시성되셨습니다.
그녀는 검은 대륙 아프리카에서의 사람들에게
밝은 빛을 던져 주는 성녀입니다.

주님, 그녀의 삶과 주님과의 만남을 바라보면서,
믿음이 얼마나 중요한지를 깨닫게 해 주십시오.

그녀는 어렸을 때, 수단에서 고통을 당했습니다.
그녀는 삶에서 아주 끔찍한 경험을 했습니다.
그녀는 노예시장에서 다섯 번이나 팔렸습니다.
주인들은 그녀가 피를 흘릴 때까지 때리곤 했습니다.
그녀는 채찍질에 맞은 흉터가 144군데나 됩니다.
그녀는 평생 그 흉터를 달고 살았습니다.
그녀의 어머니는 눈앞에서 살해당했습니다.
마지막 주인은 아주 잔인한 사람이었습니다.
불과 9살밖에 되지 않은 그녀를 마구 때렸습니다.

주님, 그녀의 삶은 주님을 알지 못하니,
희망이 없는 삶이었습니다.
그녀가 사는 수단의 마을에는
아직 그리스도교가 전파되지 않았었습니다.
그녀는 하느님이 없는 삶, 희망이 없는 삶을 살고 있었습니다.
그녀는 다시 노예시장에서 이전에는 이탈리아 상인에게 팔려서
베니스로 오게 됩니다.
이탈리아에는 아프리카와는 전혀 다른 사람들이 살았습니다.

주님, 그곳 사람들은 그녀를 보고 마귀가 왔다고 소리치기도 하였습니다.

그녀는 큰 상처를 받았습니다.

그녀는 노예였기 때문에 늘 매를 맞기 위해 등을 보여야 했습니다.

그녀의 마음 안에 선한 의지가 남아 있었습니다.

그녀는 자기가 받은 상처에만, 사로잡혀 있지 않았습니다.

주님, 그녀는 이탈리아에서 어느 집에 노예로 살게 되었습니다.

그 주인이 그녀에게 성적인 죄를 짓고자 했고, 그녀는 거부했습니다.

그 주인은 화를 내며 그녀를 때렸습니다.

주님, 그런 상황에서 그녀는 도망쳤습니다.

그녀는 우연히 어느 성당 앞에 서게 되었습니다.

그녀는 성당이 무엇인지 몰랐습니다.

그 성당의 본당신부가 그녀를 성당 안으로 데리고 들어갔습니다.

그녀는 그 성당에 십자가를 쳐다보았습니다.

그녀는 그 십자가의 인물을 보면서, 문득 어떤 생각이 들었습니다.

자기 고향에서 본 적이 있는 모습이었습니다.

주님, 수단에서는 노예에게 벌을 줄 때, 십자가에 매달기도 했던 것입니다.
그녀가 신부님에게 물었습니다.
"이 사람이 누구입니까? 노예입니까?"
신부님은 그녀에게 대답했습니다.
"그래. 맞다. 이분은 종이시다. 그런데 동시에 하느님이시다. 이분은 하느님이셨지만, 종의 신분을 취하시어 땅으로 내려오신 분이시다.
인류를 위해 채찍을 당한 분이시다."
그녀는 그가 자기처럼 고통을 당한 것에 놀라고, 깊은 연민을 느꼈습니다.
그녀가 물었습니다. "이분이 아직 살아 계시고 활동하십니까?"
그 신부님이 그렇다고 하자,
그녀는 자신을 십자가 위의 예수님과 동일시하게 됩니다.
이제 그녀에게 빛이 비치고, 희망이 생겼습니다.
자기에게 하느님이 있다는 희망입니다.

주님, 그녀는 주님을 주인이라고 불렀습니다.

이제까지 주인은 채찍질하고 뺨을 때리고 짓밟는 사람이었지만,
이제 전혀 다른 개념의 주인을 만났습니다.
새 주인은 그녀에게 채찍질하는 사람이 아니라
그녀를 위해 채찍을 맞아주는 사람입니다.
"그분이 나를 위해, 나를 해방하기 위해 오셨다."라는 사실을 알게 된 순간,
그녀의 삶은 완전히 변화됩니다.
단순히 바뀌는 것이 아니라 전적인 변모가 일어나는 것입니다.
이제 삶에 대한 희망이 생겼습니다.
그녀는 십자가의 주님과 자기를 동일시하게 됩니다.
이제 그분이 새 주인입니다.

주님, 이제 그 주인을 위해 살고 싶고,
주인을 알고 싶다는 갈망이 솟아났습니다.
그 성당에 성상들이 있고,
한 사람이 물을 붓고 있는 모습이 있었습니다.
요한이 주님에게 세례를 주고 있는 모습의 성상입니다.
그녀는 그것을 보고 또 다른 희망이 생겼습니다.
"나도 세례를 받고 싶다. 나도 내 주인과 똑같이 되고 싶다."

그녀는 이제 분명한 지향이 생겼습니다,
"새 주인을 위해 살고 싶다."
그녀는 이탈리아에서 카노시안 수도회에 입회하게 됩니다.
나중에 주님의 사랑에 대해,
주님 때문에,
희망이 있는 삶에 대해 이탈리아 전역을 다니면서 강론합니다.
주님, 우리도 희망이 있는 삶을 살도록 해 주십시오.

24. 믿음에 대한 열망

주님, 당신에 대한 믿음이 열망을 키워나가도록 허락해 주십시오.
사도 바오로는 말합니다.
"무엇이 우리를 그리스도의 사랑에서 갈라놓을 수 있겠습니까?
환난입니까? 역경입니까? 박해입니까? 굶주림입니까?
헐벗음입니까? 위험입니까? 칼입니까?"(로마 8, 35)

주님, 바오로가 지닌 믿음을 갖도록 허락해 주십시오.
"나는 확신합니다.
죽음도, 삶도, 천사도, 권세도, 현재의 것도, 미래의 것도, 권능도,
저 높은 곳도, 저 깊은 곳도, 그 밖의 어떤 피조물도
우리 주 그리스도 예수님에게서 드러난 하느님의 사랑에서

우리를 떼어 놓을 수 없습니다."(로마 8, 39)

주님, 어떤 것도 그리스도에게 드러나 하느님의 사랑에서
떼어놓을 수 없다는 흔들리지 않는 확신이,
모든 것을 명확하게 볼 수 있게 해 줍니다.
주님, 우리의 믿음을 성장시켜 나가야 함을 알게 해 주십시오.
사도들도 성령강림 후에야 명확하게 볼 수 있었습니다.
주님에 대해서도 명확하게 알 수 있었습니다.
주님이 주신 사명에 대해서도 명확하게 알게 되었습니다.

주님, 아무도 그들을 막을 수 없었습니다.
그들은 믿음을 성장시켜 달라고 청했습니다.
주님, 우리도 이것을 위해 기도하도록 해 주십시오.
성모님과 함께 기도할 때, 우리도 성령을 받을 수 있습니다.
주님, 기도는 마치 숨쉬기와 같습니다.
숨 쉬지 않으면 죽는 것처럼,
우리가 기도하지 않으면 영적으로 죽습니다.
우리는 영적으로 살아있기를 원합니다.
우리가 믿음에 대해 숙고하고 묵상했습니다.
우리가 믿음을 갖고 사는 것의 중요성을 보았습니다.

주님, '알지 못하는 신'에 대한 믿음이 아닙니다.
분명하게 계시된 주님에 대한 믿음입니다.
성경은 우리에게 계시된 주님에 대해 알려 줍니다.
우리는 희망을 지니고 있습니다.
바로 믿음에 대한 희망입니다.
우리에게 전해진 믿음은 성경이 있기 때문에
이해할 수 있는 믿음입니다.

로마서는 우리에게 들려줍니다.
자기가 믿지 않는 분을 어떻게 받아들여 부를 수 있겠습니까?
자기가 들은 적이 없는 분을 어떻게 믿을 수 있겠습니까?
파견되지 않았으면 어떻게 선포할 수 있겠습니까?
이는 성경에 기록된 그대로입니다.
"기쁜 소식을 전하는 이들의 발은 얼마나 아름다운가!"
그러나 모든 사람이 복음에 순종하는 것은 아닙니다.
사실 이사야도 "주님, 저희가 전한 말을 누가 믿었습니까?"
하고 말합니다.
그러므로 믿음은 들음에서 오고 들음은 그리스도의 말씀
으로 이루어집니다.

주님, 그렇습니다.

믿음은 들음에서 오고, 들음은 주님의 말씀으로 이루어집니다.
우리가 설교하는 것을 듣지 않으면,
어떻게 주님에 대해 알 수 있습니까?
우리가 주님에 대해 들을 수 있으면,
노예 상태에서 떠날 수 있습니다.
약속된 땅은 매력이 있어야 합니다.
이스라엘 백성들이 이집트 땅을 떠날 수 있었던 이유는,
모세가 약속된 땅에 대해 명확한 설명을 했고,
그 설명을 들은 백성들은 매력을 느꼈기 때문입니다.
백성들을 생각했습니다.
"지금의 노예살이보다 약속된 땅으로 나가는 것이 더 나을 것이다."

주님, 지난 몇 년 동안 제가 젊은이들을 피정 지도하면서
젊은이들이 변화되는 것을 보았습니다.
그들은 행복한 삶을 알게 되었습니다.
그들은 이게 주님과 함께 사는 삶이 행복하다는 것을 알게 되었습니다.
사제들이 강론하면, 많은 사람을 노예 상태에서 해방할 수 있습니다.

어떤 사람은 믿음을 가지고 있지 않지만,
양심을 가지고 있으니 괜찮다고 말합니다.

주님, 우리가 정신력으로 삶을 이끌도록 도와주십시오.
우리가 언제 머물지, 언제 떠날지를 택합니다.
우리가 정신력을 잃게 되면, 우리를 이끌어갈 힘을 잃고
우리 정신의 노예 상태에 빠지게 됩니다.
주님께서 안식일이 사람을 위해 있지,
사람이 안식일을 위해 있는 것이 아니라고 말씀하셨습니다.
주님, 마부가 말을 잘 다스리듯이,
우리가 우리 정신력을 잘 다스릴 수 있도록 도와주십시오.

주님은 철학자가 아니십니다.
당신은 목자이십니다.
당신은 머리가 아니라 마음을 가지고 우리에게 오십니다.
우리가 길 잃은 양이든지 아니든지 상관없이
당신은 목자로서 우리에게 오십니다.
주님, 왜 그렇습니까?
우리를 생명으로 이끄시기 위해서입니다.
우리는 주님의 이끄심을 잘 모릅니다.

주님, 때로는 당신이 오시는 것을
마치 엠마우스로 가는 제자들이 못 알아본 것처럼 못 알아보기도 합니다.
주님께서 함께 걷고 계셨지만, 두 제자는 알아보지 못했습니다.
주님, 그들이 왜 알아보지 못했습니까?
그들은 절망에 빠져 있었기 때문입니다.
그들에게 희망이 없었습니다.
그래서 주님이 그냥 낯선 사람으로 보였습니다.

주님, 우리 가정에서도 같은 일이 일어나지 않도록 도와주십시오.
우리가 주님에게서 멀어지고 희망을 잃을 때,
주님이 오셔도 알아보지 못합니다.
다만 낯선 이로 느껴질 뿐입니다.
당신이 들려주시는 아무리 좋은 이야기도
다만 낯선 이의 이야기일 뿐입니다.
주님, 우리는 성령을 청하도록 해야 도와주십시오.
주님, 우리는 가족들을 위해서 계속 기도하도록 도와주십시오.
주님, 우리가 가족들을 위해 그물을 깊은 물에 내리도록 도와주십시오.

주님, 우리가 더 높은 목적을 위해 가족을 봉헌하도록 도와주십시오.
주님, 우리는 단순히 정신의 사고를 따라가는 것으로 충분하지 않습니다.
오히려 우리는 사고를 조정하고 다스려야 합니다.
우리는 복음 정신에 따라 사고방식을 다스려야 합니다.
우리의 생각, 의식이 정화되어야 합니다.
주님을 알기 전에 지니고 있던 것이 무엇이든지,
이제 성경의 정신으로 정화되어야 한다는 것을 알게 해 주십시오.

주님, 당신을 알기 전에는 우리 삶에 '알지 못하는 신'이 있었습니다.
우리에게는 많은 악습이 있었습니다.
주님께서 정화하여 주시도록 해야 함을 알게 해 주십시오.
당신이 새롭게 만들어 주실 것입니다.
주님, 믿음은 선물로서 주어졌습니다.
주님, 우리 믿음을 더 깊여 주십시오.

25. 탈렌트의 비유

주님, 마태오 복음 사가는 우리에게 이렇게 전합니다.
"그러므로 하늘나라는 자기 종들과 셈을 하려는 어떤 임금에게 비길 수 있다. 임금이 셈을 하기 시작하자 만 탈렌트를 빚진 사람 하나가 끌려왔다. 그런데 그가 빚을 갚을 길이 없으므로, 주인은 그 종에게 자신과 아내와 자식과 그 밖에 가진 것을 다 팔아서 갚으라고 명령하였다.
그러자 그 종이 엎드려 절하며, '제발 참아 주십시오. 제가 다 갚겠습니다.' 하고 말하였다. 그 종의 주인은 가엾은 마음이 들어, 그를 놓아주고 부채도 탕감해 주었다. 그런데 그 종이 나가서 자기에게 백 데나리온을 빚진 동료 하나를 만났다. 그러자 그를 붙들어 멱살을 잡고 '빚진 것을 갚아라.' 하고 말하였다. 그의 동료는 엎드려서, '제발 참아 주게. 내가 갚겠네.' 하고 청하였다. 그러나 그는 들어주려고 하지 않았다. 그리고 가서 그 동료가 빚진 것을 다 갚을 때까지 감옥에 가두었다.

동료들이 그렇게 벌어진 일을 보고 너무 안타까운 나머지, 주인에게 가서 그 일을 죄다 일렀다. 그러자 주인이 그 종을 불러들여 말하였다. '이 악한 종아, 네가 청하기에 나는 너에게 빚을 다 탕감해 주었다. 내가 너에게 자비를 베푼 것처럼 너도 네 동료에게 자비를 베풀었어야 하지 않느냐?' 그러고 나서 화가 난 주인은 그를 고문 형리에게 넘겨 빚진 것을 다 갚게 하였다.

너희가 저마다 자기 형제를 마음으로부터 용서하지 않으면, 하늘의 내 아버지께서도 너희에게 그와 같이 하실 것이다.(마태 18, 23~35)

주님, 우리가 이 구절을 잘 알고 있습니다.

주님, 우리가 이 구절을 보다 더 잘 이해하기 위해서

100데나리온과 1만 탈렌트의 차이가 어떤 것인지를 살펴볼 필요가 있습니다.

주님께서는 좋은 심리학자이고, 좋은 요리사일 뿐만 아니라 좋은 수학자이기도 합니다.

주님, 흔히 사업가들은 이익이 있어야 사업을 성사합니다.

보통 사업가는 어떤 일을 성사하려고 하는데,

그 일에서 전혀 이익이 없으면 거래를 하지 않습니다.

당신께서 우리와 사업을 하시면서 거래할 때는
항상 손해를 보시는 분이라는 것을 우리가 알게 해 주십시오.

주님, 우리는 항상 이익을 보는 사람입니다.
우리에게 그럴 자격이 있기 때문이 아니라
당신이 자비하시기 때문에 그렇게 해 주시는 것입니다.
우리가 이 성경 구절을 보면 왕이 종과 셈을 합니다.
종은 왕에게 1만 탈렌트의 빚이 있습니다.
종은 빚을 갚을 능력이 없습니다.
왕은 그 종에게 그가 가진 모든 것,
아내와 아이들까지 다 팔아서 갚으라고 명령합니다.
그러자 그 종이 사정을 합니다.
시간을 주시면 다 갚겠다고 합니다.
그러나 왕은 그가 갚을 능력이 없다는 것을 압니다.

주님, 왕은 가엾은 마음이 들어 그 빚을 다 탕감해 줍니다.
그는 아무 계약서도 쓰지 않습니다.
왕은 그냥 1만 탈렌트를 잃어버리는 것입니다.
그가 누구를 위해 1만 탈렌트를 잃어버리는 것입니까?
바로 우리를 위해서입니다.
그가 왜 그렇게 합니까?

우리가 1만 탈렌트보다 더 가치가 있기 때문입니다.
종이 빚을 다 탕감받고 행복합니다.
그런데 밖으로 나오다가 친구인 다른 종을 만납니다.
그는 친구에게 백 데나리온을 빌려준 일이 생각합니다.
그는 그 친구에게 그것을 갚으라고 합니다.
그 친구가 기다려 달라고 사정합니다.

주님, 그는 그 사정 봐 주지 않고, 그를 감옥으로 데려갑니다.
왕이 나중에 이 사실을 전해 듣고 화가 나서
그를 고문 형리에게 넘겨 빚진 것을 다 갚게 합니다.
물론 그가 갚을 수 없으니, 영영 감옥에 살아야 합니다.
이 데나리온은 하루 품삯에 해당합니다.
그런데 1탈렌트는 6,000데나리온입니다.
그러니까 1만 탈렌트는 육천 만 데나리온입니다.
당시 평균 주 5일 일을 했으니까
일 년에 일해서 벌 수 있는 돈이 겨우 250데나리온입니다.
1만 탈렌트를 갚으려면 25만 년을 일해야 합니다.

주님, 우리가 몇 년을 삽니까?
이것은 우리가 일을 해 벌어서 갚을 수 있는 돈이 아닙니다.
왕이 지닌 호의를 보십시오!

왕이 왜 손해를 보면서 다 빚을 갚아줍니까?

왕은 바로 주님, 당신입니다.

우리 죄인을 되돌리러 오기 위해서입니다.

그 죗값을 치루기 위해서입니다.

주님께서는 우리를 위해서 마지막 피 한 방울까지 흘리시는 분이십니다.

그 피의 덕택으로 우리는 고귀한 가치를 지니게 됩니다.

당신이 우리의 빚을 다 갚아주셨습니다.

주님 우리는 새 생명을 얻었습니다.

주님, 이 종의 잘못이 무엇입니까?

그는 1만 탈렌트의 빚을 다 탕감받은 것을 감사하지 않은 것입니다.

주님, 우리는 감사해야 함을 알게 해 주십시오.

당신은 어떤 요구도 없이, 아무 계약서도 쓰지 않으시고

우리의 죄를 다 용서해 주셨습니다.

우리의 뉘우치는 눈물 한 방울을 보시고 빚을 다 갚아주었습니다.

왜 우리는 우리에게 100데나리온의 빚을 진 사람을 보고 있습니까?

주님, 왜 우리가 거기에 마음을 씁니까?

주님, 당신께 감사하지 않기 때문입니다.

우리가 얼마나 큰 빚을 탕감 받았는지를 잘 알고 있다면, 그것에 대해 감사하는 마음을 지니고 있으면,

100데나리온은 신경을 쓰지 않을 것입니다.

우리는 1만 탈렌트에 대해 잘 모릅니다.

그렇기 때문에 여전히 100데나리온에 신경을 쓰는 것입니다.

그것은 우리가 정당하지 않습니다.

주님께서 말씀하십니다.

"너희가 용서하지 않으면, 하느님 아버지께서도 용서하지 않으실 것이다."

이것은 사실입니다.

이 말의 의미가 무엇입니까?

주님, 우리는 잘 헤아려 보도록 도와주십시오.

26. 십일조

주님, 우리가 전통적인 신심 행위들을 제대로 실천하면
우리뿐만 아니라 가족들 안에서도
치유가 일어날 수 있음을 알게 해 주십시오.
주님, 우리 가족 안에 일치와 기쁨을 가져올 수 있습니다.
주님, 우리는 수입의 십분의 일은
교회 건설을 위해 써야 한다는 것을 우리가 알게 해 주십시오.
주님, 당신께서 말씀하셨지요.
"카이사르의 것은 카이사르에게 바치고,
하느님의 것은 하느님께 돌려드려라."
주님, 우리가 수입의 십분의 일은 주님의 것이라고 여기게 해 주십시오.

주님, 십일조를 내는 것은 마음의 미덕입니다.

주님, 많이 낼 수 있는 형편이 되면 많이 내는 것이 좋음을, 우리가 알게 해 주십시오.
주님, 당신께 인색하지 않아야 한다는 것을 알게 해 주십시오.
주님, 우리가 마음에서 우러나와서 내는 것이라는 것을 깨닫게 해 주십시오.
시편을 우리에게 들려줍니다.
"어리던 내가 이제 늙었는데 의인의 버림을 받음도,
그 자손이 빵을 구걸함도 보지 못하였다.
그는 늘 너그럽게 빌려주어 그 자손이 복을 받는다."(시편 37, 25~26)

주님, 당신의 말씀은 사실입니다.
의인은 잘못될 수가 없습니다.
의인의 자손은 구걸하지 않아도 됩니다.
물론 사람들 눈에 의인이 벌을 받는 것처럼 보이기도 하지만, 그것은 다 주님의 더 좋은 계획안에서 일어나는 일시적인 일입니다.
주님, 우리는 축복받으면,
그 축복을 다음 세대에 넘겨주어야 한다는 것을 우리가 알게 해 주십시오.

주님, 5살짜리 조카가 제게 자기가 머리가 좋아지도록
기도해달라고 말했습니다.
저는 그렇게 해 주겠다고 했지요.
그러면서 너도 기도해야 한다고 말해주었습니다.
그런데 얼마 지나서 저에게 저기가 여전히 머리가 좋지 않으니,
삼촌이 기도를 잘 안 주었나보다고 말합니다.
저는 조카를 보면서 행복했습니다.
주님, 적어도 그 아이가 하느님을 향하고 있기 때문입니다.
아이 엄마가 그렇게 하라고 말해주었을 수도 있습니다.
주님, 얼마나 다행한 일입니까?

27. 열 처녀의 비유

주님, 우리는 복음에서 열 처녀의 비유를 들었습니다.
왜 주님께서는 비유로 말씀하십니까?
주님, 무엇이 비유입니까?
주님, 비유란 천국의 이야기를 담은 지상의 이야기라는 것을
우리가 알게 해 주십시오.
주님이 들려주시는 비유의 언어는
매일 일상에서 볼 수 있는 이야기입니다.
모든 사람이 쉽게 이해할 수 있는 일상의 이야기를 가지고
주님께서는 비유를 말씀하십니다.

주님, 하느님의 나라가 어떤 역할을 합니까?
주님, 하느님 나라의 특징이 무엇입니까?
주님, 비유는 하느님 나라에 대한 안내라는 것을 우리가
알게 해 주십시오.

주님, 복음에서 들은 열 처녀의 비유는
천국이 지닌 어떤 의미를 내포하고 있습니까?
주님, 바로 기다림에 관한 이야기라는 것을 우리가 알게 해 주십시오.
주님, 우리가 어떻게 주님을 기다려야 하는지에 관한 일임을 알게 해 주십시오.
이 비유를 잘 이해하기 위해서
여기에 등장하는 사람, 물건 등이 지닌 의미를 살펴보게 해 주십시오.

주님, 먼저 신랑이 오는 것에 대해 살펴보도록 해 주십시오.
주님, 누가 신랑입니까?
주님, 바로 당신입니다.
그가 도착하면 이제 잔치가 베풀어집니다.
열 처녀와 등잔, 기름 등이 나오는데 그 의미를 우리가 깨닫도록 해 주십시오. 신랑, 잔치, 열 처녀, 등잔, 기름 등이 나오는데, 각각이 무엇을 상징합니까?
주님, 신랑이 오는 것은 당신이 다시 오심을 상징합니까?
주님, 천국에 들어가는 것은 늘 혼인 잔치에 비유합니까?
주님, 우리는 그 시간을 모른다는 것을 깨닫게 해 주십시오.
천국은 전혀 상상하지 못할 때, 슬며시 다가오는 것임을 알게 해 주십시오.

그 신랑을 맞는 신부는 교회를 상징함을 알게 해 주십시오.

주님, 이 비유에서 신랑을 맞을 열 명의 처녀가 있습니다.

두 부류의 처녀들입니다.

하나의 부류의 처녀들은 현명하고,

다른 하나의 부류의 처녀들은 어리석습니다.

주님, 이들이 누구를 상징합니까?

지혜로운 처녀들은 진정으로 믿는 참 신자들입니다.

어리석은 처녀들은 겉으로만 믿는 것처럼 보이는 가짜

신자들입니다.

그들은 거짓된 믿음을 지닌 사람들입니다.

주님, 우리가 혼인 잔치를 살펴보도록 해 주십시오.

당시 유대인들의 혼인 잔치는 오늘날 우리의 혼인 잔치와는

다릅니다.

결혼식 날 신랑은 친구와 함께 신부의 집에 가서

신부를 데리고 결혼식장으로 갑니다.

결혼식을 하는 장소는 불과 1km 정도밖에 떨어져 있지

않을 수도 있습니다.

주님, 유대인들은 직선 길로 가는 것이 아니라 멀리 돌아서 시간을 끌다가,

늦게 도착하는 관례가 있었습니다.
보통으로 행진하고, 가면서 노래를 부르고 춤을 춥니다.
친구들이 서로 농담도 하고,
그 부부를 치켜세워 주면서 즐거운 시간을 보냅니다.

주님, 신랑은 보통 해가 지기 전에 결혼식장에 도착합니다.
그런데 경우에 따라서는 아주 늦게 가기도 합니다.
거의 자정 때나 되어서 도착하는 경우도 있습니다.
이것을 재미로 여기는 것이지요.
주님, 시간을 더 많이 끌면 신부가 더 많이 기다려야 하니까,
그것을 재미로 여기는 겁니다.
신부가 기다리는 열망을 더 크게 갖도록 하기 위해서입니다.
어떤 신랑들은 그렇게 하는 것을 좋아합니다.

주님, 처녀들을 보도록 해 주십시오.
5명의 처녀는 여분의 기름을 준비했고,
5명의 처녀는 준비하지 않았습니다.
그들은 각각 등잔을 지니고 있습니다.
주님, 등잔이 상징하는 것이 무엇입니까?
바로 믿음입니다.
믿는 이의 믿음을 상징한다는 것을 우리가 알게 해 주십시오.

주님, 우리의 증거와 체험이 담겨 있는 믿음임을 알게 해 주십시오.
주님, 그들은 등잔을 가지고 있는 것으로 충분하지 않습니다.
주님, 등잔에 기름을 채워야 함을 우리가 알게 해 주십시오.
주님, 우리가 기름은 믿음의 행동, 그 행동의 결과임을 알게 해 주십시오.

주님, 믿음이 있다고 말하는 것으로 충분하지 않습니다.
그 믿음에는 행동이 뒤따라야 함을 우리가 알게 해 주십시오.
주님, 많은 사람이 어리석은 처녀와 같다는 것임을 우리가 알게 해 주십시오.
주님, 어리석은 처녀들이 말합니다.
"왜 우리가 짐스럽게 기름을 준비해서 가지고 갑니까?
신랑이 일찍 올 텐데 말입니다.
그가 해가 지기 전에 도착할 것이니, 기름이 필요하지 않다고 생각합니다.
주님, 이것은 자기만족의 신앙입니다.
우리는 일요일에 성당에 가고 성지 순례에 가는 것으로 충분하다고 생각합니다.
이 비유를 통해 주님께서 우리에게 말씀하십니다.
"자기 안주에서 벗어나라!"

주님, 어리석은 다섯 처녀의 잘못이 무엇입니까?
주님을 과소평가한 겁니다.
그들은 자기식으로 주님을 평가했습니다.
주님, 여분의 기름은 성령께서 주시는 것임을 우리가 깨닫게 해 주십시오.
주님, 여분의 기름은 성령께 의탁하는 것임을 우리가 알게 해 주십시오.
주님, 우리는 믿음을 지니고 태어난다고 하더라도
거기서 머무르지 말아야 함을 우리가 알게 해 주십시오.
주님, 우리가 믿음에서 성장하도록 도와주십시오.
그러면 우리는 기쁨에 차서 기름을 준비하고 기다리게 될 것입니다.

주님, 신랑은 예기치 않은 시간에 와서 문을 열라고 외칩니다.
때로 아주 늦은 시간에 오는 겁니다.
어리석은 처녀들이 늦은 시간에 신랑의 외치는 소리를 듣고서야
기름이 없다는 것을 알고,
지혜로운 처녀들에게 기름을 빌려달라고 합니다.
열 처녀는 겉모습으로 보면 거의 같게 보입니다.

그들 모두 초대를 받았고, 모두 등잔을 지니고 있습니다.

주님, 그 차이는 신랑이 왔을 때, 드러납니다.
다섯 명은 기름이 있고, 다섯 명은 기름이 없습니다.
기름이 없는 사람은 잔치에 참여할 수 없습니다.
주님, 그 의미가 무엇입니까?
그 의미는 아무도 다른 사람이 준비시켜 주지 않습니다.
기름은 스스로 준비해야 합니다.
이 가르침은 우리들을 위한 가르침입니다.

주님, 당신의 다시 오심을 기다리기 위해
우리는 우리가 할 수 있는 준비를 스스로 한다는 것을 알게 해 주십시오.
혼자가 스스로 할 수 없는 사람들을 위해서는 교회가 준비해 줍니다.
교회가 은총을 베풉니다.
그러나 우리는 스스로 준비할 수 있는 사람들입니다.
우리가 준비해야 합니다.

주님, 어떻게 준비할 수 있습니까?
믿음의 삶을 살면서 그 믿음을 행동으로 보여주어야 합니다.

어리석은 다섯 처녀는 미리 준비하지 않았습니다.
그들은 믿음을 행동으로 살지 못했습니다.
주님께서는 전혀 생각하지 못한 시간에 다시 오십니다.
우리가 언젠가 주님을 만날 것을 압니다.
오늘, 바로 지금 주님을 만날 준비가 되어 있는가? 하는 겁니다.

주님, 당신께서는 우리가 항상 은총의 지위에 있어야 한다고 말씀하시는 겁니다.
지금 우리가 죄 중에 있어서는 안 된다고 말씀하시는 겁니다.
지금이 바로 우리가 자기 안주에서 벗어나야 할 때입니다.
우리는 빛의 자녀로 살아야 합니다.
주님께서는 늘 "깨어 있어라." 하고 말씀하십니다.
우리에게 시간이 없습니다.
주님, 튜린을 방문하신 분은 성 도미니코 사비오를 알게 해 주십시오.
돈 보스코 대성당에 그의 유품이 있습니다.
성 도미니코 사비오는 어린 나이에 죽은 성인입니다.
그가 친구들과 함께 놀고 있었습니다.
친구 중의 하나가 다른 친구들에게 질문을 던졌습니다.
"만약 오늘 죽는다면, 너는 무엇을 할래?"

한 친구는 자기는 사제에게 달려가서 고백성사를 보겠다고 했습니다.
다른 친구는 자기는 부모님께 가서 작별 인사를 고하겠다고 말했습니다.
또 다른 친구는 집으로 가서 배부르게 음식을 먹겠다고 했습니다.
도미니코가 말했습니다.
"나는 그냥 하던 대로 놀겠다."라고 답했습니다.

주님, 그 친구가 화가 나서 다시 물었습니다.
"너, 정말 오늘 죽으면, 뭘 할 거야?"
그가 말했습니다. "나는 계속 놀 거야."
친구는 도미니코가 자기를 놀리는 줄 알았습니다.
그것이 아니었습니다.
어린 도미니코 대답의 의미는 그가 언제라도 준비되어 있다는 뜻입니다.
그는 준비가 되어 있기 때문에 걱정을 하지 않습니다.
그는 죽음을 두려워하지 않습니다.
그는 자신이 은총 지위에 있다는 것을 알고 있습니다.
어린 성인은 기름을 준비하고 있었습니다.

주님, 우리가 미사 안에서 청하도록 도와주십시오.

주님, 우리가 늘 기름을 준비하고 있게 해 주십시오.

주님, 당신이 오실 때, 우리는 당신을 속일 수 없습니다.

주님, 우리가 기름을 준비하여 가지고 있을 수 있도록 도와주십시오.

주님, 우리는 혼인 잔치에서 당신과 함께

잔치를 즐길 수 있도록 도와주십시오.

한 번에 뚝딱

한 번에 뚝딱
되는 일이라곤 없더라.

한 번에 뚝딱
얻을 마음 역시 없더라.

한 걸음 한걸음에,
한 순간 한순간에.

일이 되어 가고,
깊어지기도 하더라.

답답하겠지만 그래도
참고 가는 거다.

2부 삶의 매 순간 아름다운 기도문

1. 빛과 희망

주님, 당신은 우리의 주님이며 스승이십니다.
우리에게 가르쳐 주십시오.
우리에게는 제자들이 있습니다.
그들을 진실하게 사랑하는 법을 가르쳐 주십시오.
주님, 그들이 지닌 선을 발견하며 그들이 지닌 독특한 재능들을
깊이 존중할 수 있는 힘을 우리에게 알려 주십시오.
주님, 우리가 그들에게 헌신적이며 믿음을 주는
스승이 될 수 있도록 도와주십시오.

주님, 우리가 그들에게 겸손하게 우리의 지식을 나누어주며,
주의 깊게 경청하며 그들을 기꺼이 도와주며
우리의 가르침을 통해 그들이 선을 추구하게 해 주십시오.
주님, 그들의 필요를 민감하게 알아들으며,

그들의 잘못을 분별 있게 나무라게 해 주십시오.
주님, 우리가 그들의 제안을 긍정적으로 받아들이며
그들의 실수를 관대하게 용서하게 해 주십시오.

주님, 우리가 그들에게 사상을 전하고 예절을 가르칠 때,
삶에 대한 성실한 자세로 진리에 겸허하게 순종하게 해 주십시오.
주님, 그들에게 따뜻한 관심을 보임으로써
삶에 대한 묘미와 배움에 대한 열정을 불어넣게 해 주십시오.
주님, 우리의 부족함과 한계를 받아들일 수 있는 힘과 하루를 희망으로
다시 시작할 수 있는 용기를 우리에게 주십시오
우리가 그들을 가르치는 데 필요한 인내심과 해학을 주십시오.

주님, 당신의 손으로부터 그들 하나하나를 받아들이게 하여 주십시오.
우리는 알고 있습니다.
비록 그들이 그것을 보지 못할 때조차도
그들 하나하나가 유일한 가치를 지닌 소중한 존재라는 것을 알게 해 주십시오.

주님, 우리는 젊은이들에게 사명감과 빛과 희망과 인생의 목적을 줄 수 있는
기회가 주어졌다는 것을 느끼게 해 주십시오.
주님, 당신이 우리를 신뢰하시며
우리 곁에 서 계시다는 것을 믿게 해 주십시오.

주님, 하루를 시작하며 당신의 축복을 청하오니. 들어 주십시오.
우리와 우리의 제자들을 축복하시어 우리의 꿈과 희망을 이루게 해 주십시오.
주님, 그들이 선인들의 지혜와 우리의 삶에서 서로에게서 배우게 해 주십시오.
주님, 무엇보다도 당신의 이끄심으로부터,
당신을 가장 잘 아는 사람들의 삶으로부터 우리가 배우게 해 주십시오.
주님, 진실한 배움은 각자가 살아야 하는 삶을 사는 것이며
참된 인간으로서의 우리 자신을 아는 것과
우리가 배우는 모든 것에서 당신의 소리를 듣는 것입니다.

2. 삶의 끝자락에 서서

주님, 우리가 건강과 젊음과 활력,
우리가 이루고자 하는 것을 할 수 있는 자유를 주십시오.
우리는 이제 다시는 젊은이로 되돌아갈 수 없다는 진실과
주님, 여러 가지 문들이
우리에게 영원히 닫혀져 버렸다는 분명한 진실과
마주하게 해 주십시오.
주님, 우리는 때로 누군가에게 의지해야만 한다는 사실에
당혹감을 느낍니다.
주님, 우리가 노인으로 간주된다는 것과 구세대라는 소리를 듣는 것에
때로 아픔을 느낍니다.

주님, 우리의 혼돈과 고독 안으로 당신은 손을 내미십니다.
당신은 내내 결코. 거두시지 않으셨던 손을 내미십니다.

당신께서는 우리에게 속삭이십니다.
당신은 전에는 우리가 알지 못하던 비밀을,
계절마다 각기 고유한 아름다움이 있노라고 속삭이십니다.
주님, 당신은 우리에게 한 해가 단지 여름으로만 이루어져 있지 않노라고,
말씀하십니다.
우리의 나이가 우리에게 주는 연륜과 다른 이들에게 필요한 탁월함이
우리의 황혼의 언덕에 자리하고 있는 것입니다.
그것은 연민과 관대함, 지혜와 유머
그리고 다른 이들로 하여금, 승진할 기회를 주는 것입니다.

주님, 우리는 인생이라는 연회에서 우리의 자리를 누렸습니다.
주님, 이제 우리로 하여금 누군가가 저의 자리를 차지하는 것을,
감사하며 바라보게 해 주십시오.
주님, 다른 이가 우리가 이루었던 일들을 물려받을 때,
우리의 자리에서 물러나
석양을 바라보는 것은 좋은 일이라는 것을 알게 해 주십시오.

주님, 그들이 우리의 잔잔함으로부터
나이가 든다는 것도 은총이라는 것을 배우게 해 주십시오.
주님, 우리의 실패가 그들에게 신중함과 평형을 가르치게
해 주십시오.
인생에는 일과 활동보다 훨씬 더 많은 것들이 있습니다.
고요함과 포기로부터 성숙을 체험합니다.
당신께 감사를 드립니다.
주님, 여유롭게 시간을 보낼 수 있었던 지난 몇 해에 대해
우리가 그들의 시간과 사랑을 쏟는 다정한 사람들에 대해
아직도 우리가 지닌 우리의 기억과 건강과 힘들에 대해
당신께 감사를 드립니다.

주님, 자연의 아름다움, 아이들의 웃음소리
우리를 둘러싸고 있는 모든 삶의 모습들에 대해
당신께 감사를 드립니다.
주님, 책과 음악과 대중 매체가 제공하는 것들에 대해
당신께 감사를 드립니다,
주님, 무엇보다도 당신의 현존에 대한 확신에 대해
당신이 날마다 주시는 힘에 대해 감사를 드립니다,

주님, 우리가 체험하는 평온함과

우리에게 포기하도록 가르쳐 주는 한계들에 대해
당신께 감사를 드립니다.
주님, 우리가 지쳤을 때, 우리를 도와주십시오.
우리가 나약할 때, 우리에게 힘을 주십시오.
주님, 우리의 고독을 당신 현존의 따사함으로 채워 주십시오.
주님, 우리가 비틀거릴 때, 우리의 손을 잡아 주십시오.
주님 어느 때보다 지금 우리와 함께 해 주십시오.

주님, 우리의 마지막 여정을 잘 준비할 수 있게 해 주십시오.
우리는 알고 있습니다.
이제 시작일 뿐, 끝이 아니라는 것을,
우리가 누리는 이 삶은
죽음 너머 우리를 기다리고 있는 영원한 삶의 그림자일 뿐입니다.
우리가 부여잡고 있는 이 세상은 우리의 본향이 아니라는 것을 압니다.
주님, 우리의 믿음과 희망을 키워 주십시오.
밤과 낮을 통해 당신이 우리를 어루만지시고 계심을,
우리가 느낄 수 있도록 해 주십시오.
주님, 당신이 우리를 초대하시는 향연을 볼 수 있도록
우리의 시야를 변화시켜 주십시오.

주님, 우리가 기도할 수 없고 당신을 생각할 수 없을 때에도 우리가 당신 눈에 버려지지 않았다는 것을 결코, 잊지 않도록 도와주십시오.
우리가 당신 손에서 받은 모든 좋은 것들이 당신을 신뢰하도록
우리에게 가르치기에 우리를 당신께 온전히 맡겨드립니다.
지금 우리의 온 마음으로 그렇게 하오며 당신의 힘과 당신의 보호를 청합니다.
주님, 계속 우리와 함께 머물러 주십시오.
그리고 당신의 마음 안에 우리를 담아 주십시오.
주님, 우리를 위해 마련해 주신 작고 따뜻한 구석 안에 머물게 해 주십시오.
그것이 우리에게 필요한 전부입니다.
그것이 우리가 청하는 모두입니다.

3. 가정을 위한 기도

주님, 당신 앞에
우리의 희망과 꿈을 가득 지니고서
우리의 작은 가정을 대령합니다.
주님, 당신이 우리에게 필요한 것이 무엇인지를 더 잘 아시기에
우리가 서로 사랑할 수 있는 것보다 우리를 더 사랑하시기에
우리의 작은 가정을 위해 기도합니다.

주님, 우리 가정의 한 사람 한 사람이 온갖 놀라운 방법 중에서
첫째이며, 가장 깊고, 가장 행복하면서도 가장 어려운 것은
우리 가정 구성원의 목소리입니다.
주님, 우리의 사랑스러운 사람들에게만은 있는 그대로의
우리이고 싶습니다.

주님, 우리의 가정에 대해 당신께 감사를 드립니다.
주님, 우리가 서로 나누는 모든 것에 대해 감사를 드립니다.
기쁨과 웃음과 눈물과 일, 그리고 우리 한 사람 한 사람이 지닌
고유한 선물에 대해 당신께 감사드립니다.

주님, 무엇보다, 우리의 가정을 이루는 사람의 선물에 대해,
그 사랑은 우리가 사랑이라는 말을 듣기도 전에
우리가 느낌으로 알고 있는 사랑, 바로 그것입니다.
주님, 우리에 대한 당신의 사랑을 나눌 기회를 주심에 대해,
당신께 감사드립니다.
우리를 용서하시고 치유해 주십시오.
우리는 때로 서로에게 아픔을 주었기에 치유해 주십시오.
우리의 사랑의 부족을, 우리의 이기적인 움츠림을,
주님, 우리가 서로 마음을 다치게 했던 말과 행위와 침묵을 용서해 주십시오.

주님, 우리는 매일매일, 매 시간, 아니 매 순간,
당신의 치유가 필요합니다.
주님, 당신의 가없는 돌보심 없이 어찌 우리가 서로를
사랑의 유대 안에 묶어 놓을 수 있겠습니까?

주님, 모든 사랑의 근원이시여.
우리를 사랑으로 불타오르게 하십시오.
우리가 사려깊은 마음으로 서로 아끼며
기꺼이 용서하며, 기쁘게 섬기며.
진정 주고받을 수 있도록 우리의 마음을 열게 하소서.

주님, 우리의 사랑과 일치를 통해 우리의 마음을 당신께로
나아가, 우리가 속한 인류 가족에게로 열게 하십시오.
주님, 인류의 온 가족이 알게 해 주십시오.
진정한 사랑과 평화와 복락을 누릴 수 있음을 알게 해 주십시오.
가족이 사랑의 진원지,
바로 치유의 근원지, 기쁨의 샘터가 되게 하십시오.
언제 어디서나 우리가 서로서로 당신의 커다란 가족의 일원임을
잊지 않게 해 주십시오.

4. 병자을 위한 기도

주님, 당신 앞에
우리가 사랑하는 병자를 데려왔습니다.
우리와 다른 많은 사람의 사랑이 그에게 힘이 되게 해 주십시오
주님, 그를 치유하시어 우리에게 돌려주십시오.
주님, 당신이 우리를 버리시지 않으신다는 것을 믿습니다.
당신의 포근한 팔 안에서 우리는 평온을 느낍니다.
건강뿐만 아니라 병고도 축복으로 받아들이렵니다.
그것들이 삶과 사랑의 소중함을 가르치기 때문입니다.

주님, 병고를 치르는 그를 축복해 주십시오
그가 당신의 현존을 깨닫게 해 주십시오.
당신의 손으로 그를 가만히 잡아주십시오.
당신이 평화를 주시고 병자의 마음에 말씀을 건네주십시오.

그에게 병고를 통해 성장을 체험하는 은총을 주십시오.
그가 외로울 때 곁에 계셔 주십시오.
그를 모든 해악으로부터 보호해 주십시오.

주님, 그를 치유하시어 저희에게 돌려주십시오.
그의 병고와 우리의 염려가 사랑과 믿음과 지혜 안에서
우리를 성장하게 해 주십시오.
주님, 우리가 서로 더 가까워지고 당신에게
더 가까이 나아가는 계기가 되게 해 주십시오.
우리에게 일어나는 모든 일 안에서 당신의 사랑을 보게 해
주십시오.
주님, 신뢰하는 마음으로 당신의 사랑에 응답하게 해 주십시오.

주님, 우리와 함께 머물러 주십시오.
주님, 우리 모두와 함께 머물러 주십시오.
주님, 우리에게 건강과 고요를 주시고
우리의 마음을 당신의 평화로 채워 주십시오.
주님, 지금 세계는 전쟁의 소용돌이 속에 빠져 있습니다.
주님, 세계 평화를 위해 기도하오니, 들어 주십시오.

5. 당신 품에

주님, 당신은 아무리 만나도 충분하지 않습니다.
우리는 당신을 보고, 느끼고, 만지고 싶습니다.
당신을 부여안고 당신 품에 안기고 싶습니다.
우리가 언제까지나 당신과 함께 있을 수 있다면!
주님, 우리의 마음, 우리의 감각,
우리의 몸, 우리 존재의 한 올 한 올,
우리 안에 있는 모든 것이 당신을 원합니다.
주님, 당신의 손길을 갈망합니다.
주님, 우리에게서 몸을 숨기시는 까닭이 무엇입니까?
주님, 우리에게서 멀리 도망치시는 까닭이 무엇입니까?

주님, 당신은 우리의 마음을 깨워 아름다움과 사랑을 보게 하십니다.
우리는 즐거움과 괴로움, 빛과 어둠을 통해 사랑을 보게 하십니다.
사랑하도록 이끄시는 당신,
우리의 모든 것을 당신께 맡겨드립니다.
우리의 소유와 우리의 존재와 우리가 소망하는 모든 것을,
당신께 맡겨드립니다.

주님, 우리가 지닐 수 있는 모든 것이라 해도,
당신의 사랑에 견주면 너무나 작습니다.
세상이 제게 줄 수 있는 것을
어이 당신의 사랑과 비교할 수 있겠습니까?
사랑의 무한한 열정보다 더 고귀한 것이 어디 있겠습니까?
주님, 당신과 함께 있다는 것이 우리에게 가장 성대한 향연입니다.

주님, 당신의 모습을 어슴프레 뵈올 수 있다면!
끝없는 사랑이신 당신, 오시어 우리를 취하십시오.
우리를 당신과 영원히 하나로 만드십시오.
주님, 우리의 마음에 귀를 기울이십시오.
우리의 염원을 들으십시오.
우리에게서 떠나지 마십시오.
주님, 당신 없이 우리는 허무인 까닭입니다.

주님, 당신 앞을 가로막는 모든 것을 던져 버립니다.
우리의 두려움, 우리의 죄, 우리의 애착, 우리의 어리석은 생각,
심지어 당신에 대한 생각조차도 던져 버립니다.
주님, 죽음보다 더 강한 사랑을 우리에게 주십시오.
주님, 존재의 심연보다 더 깊은 사랑을 우리에게 주십시오.
당신의 사랑을 닮은 사랑을 우리에게 주십시오.
아, 아닙니다!
그것으로 부족합니다!
바로 당신의 사랑을 우리의 마음 안에 부어 주십시오.

주님, 당신의 사랑이 우리 안에 차오를 때,
당신이 주신 열정으로 당신을 사랑하렵니다.
우리는 빈 갈대, 당신의 음악으로 채워 주십시오.
주님, 당신의 사랑으로 우리를 씻어
우리가 느끼는 우리는 사라지고
처음으로 우리 자신을 발견하게 해 주십시오.
주님, 우리가 바로 우리 자신이 되게 해 주십시오.

6. 익살을 찾을 수 있는 지혜

주님, 우리가 잠시 멈추어 서게 해 주십시오.
주님, 우리가 숨 돌릴 틈도 없이 바쁜 날입니다.
주님, 바쁘게 일하는 가운데에서도 평화를 우리에게 주십시오.
주님, 여러 가지 스트레스 가운데에서도 기쁨을,
긴장 한가운데에서도 익살을 찾을 수 있는 지혜를,
늘 당신의 사랑을 알아챌 수 있는 세심함을 우리에게 주십시오.

주님, 우리는 당신이 매 순간 우리를 생각하신다는 것을 압니다.
우리가 당신의 살펴주시는 눈동자를 떠날 수 없다는 것을 압니다.
우리가 하는 모든 일 안에서 당신을 사랑하고 섬기도록 해

주십시오.

주님, 우리의 마음을 이끄시고, 우리의 걸음에 함께하여 주십시오.

주님, 우리가 많은 것을 얻으려고 애쓰다가

참으로 소중한 것과 영원한 것을 잃지 않게 해 주십시오.

주님, 평온한 상태의 오 분 동안에 걱정에 휩싸인 다섯 시간보다

더 많은 것을 할 수 있다는 것을 우리에게 상기시켜 주십시오.

주님, 당신의 현존 앞에 머리 숙이며 평화 속에서 하루를 시작합니다.

당신이 늘 제 곁에 계시고, 당신에게는 모자람도 넘침도 없기 때문입니다.

7. 용서를 청하는 기도

주님, 다정다감한 연민으로 우리를 용서해 주시고 치유해 주십시오.
우리는 당신께 죄를 지었습니다.
주님, 인정하고 싶지 않을지라도,
죄의 수렁에 빠져 허우적거리는 우리입니다.
당신 은총이 우리를 이끄시지 않으셨다면,
주님, 우리는 얼마나 깊은 수렁에서 허우적거리는 것인지 조차도
알지 못합니다.

주님, 당신의 부드러운 손을 내미시어 우리를 건져 주십시오.
주님, 맑은 마음, 새 마음, 당신이 지니신 마음을 우리에게 주십시오.
주님, 당신의 음성에 귀기울이지 않았기에 당신의 용서를

청합니다.
주님, 우리 자신을 존중하지 않았기에 당신의 용서를 청합니다.
주님, 남들에게 상처를 주었기에 당신의 용서를 청합니다.
주님, 당신 사랑으로 우리가 행해야 하는 선을 하지 않은 것에 대해,
우리가 저지른 악에 대해 우리를 용서해 주십시오,

주님, 특별히 저의 양심을 찌르는 게으름에 대해,
당신의 용서를 청합니다.
주님, 우리의 잘못을 받아들이려 하지 않는,
뻔뻔스러움으로부터, 우리 자신에 대한 매몰찬 경멸로부터
우리를 지켜주십시오.
주님, 우리는 결코, 무가치하거나 희망이 아득한 존재일 수 없습니다.
당신 눈에 우리가 소중하고,
당신의 사랑이 우리의 죄보다 더 강하기 때문입니다.

주님, 우리를 도우시어 우리의 죄 밑바닥을 흐르는
순연한 아름다움을 보게 해 주십시오.
주님, 당신이 우리에게 주신 아름다움을 소중하게 간직하며

살아가게 해 주십시오.

주님, 우리가 고개를 들고, 당신의 얼굴을 보게 해 주십시오.

당신이 보시듯, 우리가 지닌 소중한 진실도 보게 해 주십시오.

우리는 사랑받는 죄인이기에 찬미의 노래를 부르렵니다.

당신은 사랑이시기에 우리가 하는 어떤 것도, 실패조차도 주님, 당신이 우리를 사랑하심을 막을 길이 없게 해 주십시오.

8. 어머니의 기도

주님, 어머니라는 특권에 대해 당신께 감사를 드립니다.
주님, 당신 사랑을 아이들과 나눌 수 있는 은총에 대해
당신께 감사를 드립니다.
그들에게 당신에게서 받은 생명을 나누고,
그들을 돌보아서 성장시키고
그들이 옳은 길을 걷도록 가르쳐주며 그들에 대한
당신 사랑의 소중한 도구가 되는 이 황송한 은총에 대해
당신께 감사를 드립니다.

주님, 당신이 우리에게 두신 신뢰, 이 세상의 모든 보석보다 더 소중한
당신의 자녀들을 돌보도록 우리에게 맡겨놓으신 당신의 신뢰에 대해
당신께 감사를 드립니다.

우리의 가족들에 대해, 그리고 사랑으로 우리를 지원하는 모든 이에 대해
당신께 감사를 드립니다
주님, 매일 우리가 받는 헤아릴 수 없는 선물들에 대해,
특별히, 사랑하고, 용서하며 서로를 돌볼 수 있는 힘을 주심에
당신께 감사를 드립니다.

주님, 우리가 소홀했던 시간들에 대해, 당신께 용서를 청합니다.
우리의 약함과 배은망덕과 죄들을 용서하십시오.
주님, 당신은 결코 저를 눈 밖에 두지 않으신다는 것,
당신은 말로 다할 수 없는 부드러우심으로
우리의 사랑하는 아이들을 살피신다는 것을 늘 기억하게 해주십시오.
주님, 당신이 우리의 창조주이시기에
우리가 바로 우리 자신인 모든 것에 대해 당신께 감사를 드립니다.

주님, 우리가 사랑하는 모두가 당신의 선물입니다.
당신은 우리의 아버지이시고, 우리의 구세주이시며, 우리

의 친구이십니다.

그러기에 당신 사랑이 결코 우리를 버려두지 않으실 것입니다.

당신께 우리의 신뢰를 둡니다.

주님, 당신으로부터 우리의 아이들을 받았사오니

당신께 그들과 그들의 미래를 맡겨드립니다.

주님, 당신 손의 보호 아래 우리를 지켜 주십시오.

더 이상 눈물이 없고 더 이상 분열도 악의 그림자도 없는

행복한 본향에 이를 때까지 우리를 인도하여 주십시오.

주님, 어머니의 사랑보다 더 커다란 사랑으로

당신이 마련하신 영원한 집에 이를 때까지 우리를 지켜 주십시오.

9. 우리에게 손을 놓는 법을 가르쳐 주십시오

주님, 당신은 이승의 삶을 부여잡으려는 우리의 환상과
두려움과 집착과 열망을 너무나 잘 알고 계십니다.
주님, 우리는 당신께서 보시기에 가장 좋을 때
당신께서 우리를 부르실 것임을 믿습니다.
주님, 우리는 당신 사랑이 우리가 미처 끌어안을 수 없는
기쁨을 우리에게 마련하시리라는 것을 믿습니다.

주님, 우리는 당신께서 우리의 모든 잘못들을 용서하시리라는 것을 압니다.
그런데, 아직도 부서진 장난감을 손에서 놓지 못하는 아이처럼,
우리는 손을 놓기를 주저하고 있습니다.
우리가 알지 못하고 낯선 까닭에 무섭습니다.
당신이 우리에게 빛을 약속하신 그곳에서 단지 어두움만을

바라봅니다.
주님, 참삶이 시작되는 그곳에서 우리는 단지 삶의 끝장만을 바라봅니다.

주님, 당신은 우리의 인간적인 집착을 이해하십니다.
주님, 당신은 우리의 불안전한 감각을 이해하십니다.
주님, 우리를 지으시고 자라게 하신 분도 바로 당신이시기에 당신은 보고 계십니다.
우리가 붙잡혀서, 이끌려서 우리가 알지 못하는 길을 따라 걸어가야 함을,
우리의 기력은 스러지고
우리의 총명도 소용이 없다는 것을 알게 해 주십시오.
우리를 사랑하는 사람들도 우리와 함께 갈 수 없다는 것을 알게 해 주십시오.

주님, 당신만이, 오로지 당신만이 끝없는 사랑이시기에
늘 그러하셨듯이 우리 곁에 함께 계실 것입니다.
인생이라는 고독한 여정의 황혼에서 당신께서 우리를 붙잡으시고,
우리를 이끄시며, 우리를 받아들이시고
우리의 부서진 형체를 다시 맞추실 것입니다.

주님, 우리는 아무런 비밀이 없습니다.
우리는 두려움이나 부족한 답변을 감추지 않습니다.
주님, 이상하게도 약함과 힘없음과 두려움이 당신 앞에서는 아무 문제가 아닙니다.
당신 앞에서는 아무것도 부인할 필요가 없습니다.
주님, 우리는 다시 태어나기를 원합니다.
우리는 당신 팔 안에 잠들기를 원합니다.
우리는 영원한 빛 안에서 깨어나기를 원합니다.

주님, 우리는 알지도 이해하지도 못합니다.
하느님, 무한히 자비하신 우리의 하느님
우리는 사랑이 모든 것을 할 수 있다는 것을 믿습니다.
우리의 눈이 볼 수도 없고 귀가 듣지 못하는 것을,
당신께서 죽음 너머에 저를 위해 마련해 놓으신 것을 믿습니다.
당신의 이름 안에
우리는 가장 좋은 것은 아직 오지 않았다는 것을 알고 있기에
삶의 남은 시간을 내어놓습니다,

주님, 여기 대령하였습니다!
우리의 마지막 여정에 내내 함께하여 주십시오.

그리고, 우리를 영원히 당신과 함께 머무를 집으로 데려가 주십시오.

사랑 밖에서

잠시 길을 잃었습니다.
사랑의 길에서.

잠시 눈을 놓쳤습니다.
사랑의 눈길을.

다시 찾아갑니다.
넘의 길을.

다시 마주했습니다.
넘의 눈에.

그렇게 다시
시작하면 되겠지요.

10. 슬픔에 잠긴 사람의 기도

주님, 오늘 당신 앞에 들고 서 있는 것은
우리의 슬픔이라는 무게입니다.
마음을 짓누르는 바위처럼, 숨을 죄어오는 무거운 멍에처럼
슬픔은 우리의 무게입니다.
주님, 우리의 눈물을 당신이 헤아려 주십시오.
우리의 슬픔, 당신 아닌 누가 그것을 가시게 할 수 있습니까?
주님, 우리를 떠나지 마시고 우리와 함께 머무르십시오.
우리는 홀로, 어찌할 줄 몰라 서성이고 있습니다.

주님, 우리에게 필요한 것은 친절한 몇 마디의 말뿐입니다.
다만 동정 어린 눈길보다 더 큰 어떤 것입니다.
굳셈과 희망과 한 줄기의 햇살이 그것입니다.
주님, 어느 날 갑자기 세상은
무섭고 외로운 무인도가 되어 버렸습니다.

하여, 길 잃은 양처럼 헤매게 되었습니다.
우리를 도와주십시오.
우리를 잡아주시고, 우리와 함께 머무르십시오.
주님, 당신 현존의 기쁨을 다시 우리에게 주십시오.

주님, 우리를 도와주십시오.
우리가 보지 못할 때조차도 믿는 법을 배우도록 도와주십시오.
눈앞이 깜깜할 때조차도 희망을 갖는 지혜를 얻도록 도와주십시오.
주님, 당신과 당신의 부드러운
사랑을 보지 못하는 일이 없도록 해 주십시오.
겁먹은 연약한 가슴에서 이 무거운 멍에를 벗겨 주십시오.
주님, 당신은 빛이요, 기쁨이요, 끝없는 사랑이십니다.
우리에게 빛을 주시고, 기쁨을 주시고, 당신 사랑을 느끼게 해 주십시오.

주님, 우리는 당신을 보지 못하는 그런 때에도
당신이 우리 곁에 계시다는 것을 우리는 믿습니다.
주님, 그럼에도 때로 당신이 베푸시는 모든 것이
우리를 위한 선이라는 것을 헤아리지 못합니다.

주님 모든 것에는 다 뜻이 있다는 것을,
당신의 지혜와 사랑이 담긴 뜻이 있다는 것을 깨닫기에는
우리는 보잘것없는 너무 작은 존재입니다.

주님, 이 시련의 때에, 당신에게 매달릴 수 있도록 해 주십시오.
우리가 슬픔에서 벗어나 강하게, 그리고 기쁘게 살게 해 주십시오.
지금 이 순간 우리의 몸부림치는 슬픔 안으로 오셔서
우리와 함께 머무르십시오.
주님, 우리가 다시 빛을 바라볼 수 있을 때까지
당신의 부드러운 손길로 우리를 위로해 주십시오.
우리의 영혼은 당신을 목말라합니다.

11. 가난한 사람들을 위한 기도

주님, 당황스러운 마음과 부당한 느낌으로
우리는 가난한 이들을 생각하게 해 주십시오.
주님, 우리에게 주어진 나날들, 현대라고 부르는 오늘의 세계에서
여유와 풍요보다는 궁핍과 기아가 도처에 자리하고 있음을 봅니다.
우리는 이것을 애써 잊고 살려 합니다.
아니면, 그럴듯한 가면 뒤에 숨겨놓으려 합니다.

주님, 기도에서조차도 우리가 가난한 사람들에게 시선을 주기보다는
소소한 우리 자신의 걱정거리들을 생각합니다.
가난한 이들은 우리에게 우리 자신이 필요한 것보다
너무나 많은 것을 지녔다는 것을 상기시켜 주는 까닭에

우리는 슬그머니 그들에게 화가 납니다.
주님, 우리의 양심을 자극하지 않는, 스쳐 지나가는 사람들을 상대하는 것이
우리에게 더 편합니다.
그 사람들의 절박한 상황과 곤경에 처하는 것을 마주치고 싶지 않습니다.

주님, 굶주린 어린아이들, 실직한 가정들, 황달 걸린 엄마들, 도시에 버려진 행려병자들, 땅 없는 농부들, 사회적 보장이 없는 난민들,
힘없는 미천한 자들에게서 우리는 애써 얼굴을 돌립니다.
진실이 두렵고 우리를 놀라게 합니다.
우리는 때로 무력감과 분노를 느낍니다.
주님, 왜 우리가 이것을 바라보아야만 합니까?

주님, 왜 우리는 편안하게 우리의 특권을 누릴 수 없습니까?
왜 당신은 우리가 모르는 척하며 행복하게 살도록 내버려두지 않으십니까?
왜 당신은 우리의 권리와 열망들이 다른 사람의 *그것들*보다 더 중요하다는
그럴듯한 변명을 위안으로 짐짓 모르는 체하도록 내버려

두지 않으십니까?

주님, 우리는 인간이 만든 기아와 부정에 대한 추한 통계는 잊어버리고 싶습니다.

주님, 당신 연민의 눈길조차 주고 싶지 않은, 가난한 뭇사람들을

우리에게 상기시키려 하지 마십시오.

주님, 우리가 당연히 누리는 편안함이 그들의 땀으로 주어지는 것이라는

그런 말씀일랑 아예 하지 마십시오.

주님, 아마도 가장 솔직하게 말한다면,

우리는 가난한 이들을 위해 기도할 권리가 없는지도 모릅니다.

주님, 아마도 우리가 마땅히 해야 할 것이 있다면,

그들의 용서를 구하기 위해서 기도하는 것입니다.

주님, 그들이 더 나은 세계를 위하여 나아가야 할 길을

우리에게 가르쳐 줄 것입니다.

진정 우리가 관대함을 지녔다면

우리의 나눔이 세상을 풍요함으로 채울 것입니다.

주님, 어쩌면 우리야말로 진정 가난한 사람일 것입니다.

우리의 지님에도 불구하고 인간됨에서,

사랑에서 우리는 가난한 자입니다.

주님, 지닌 것을 잃을까? 하는 두려움에 떨고 있는
우리는 가난한 자입니다.
주님, 더 나은 세계를 위해 기도하는 것이 두렵습니다.
우리가 지닌 것을 나누어야 한다는 것을 아는 까닭입니다.
더 나은 세상을 위해 무엇을 하기보다
"세상은 왜 이 모양인가?"라고 중얼거리는 것으로
우리의 할 일을 다했다고 자위하며
가난한 사람들일랑 잊고 싶습니다.

주님, 우리에게 용기를 주십시오
허무주의의 담 뒤로 슬며시 숨거나 우리의 비겁을 덮어 줄
교묘한 이론들로 위장하지 않도록 우리를 도와주십시오.
타인을 같은 꿈과 희망을 지닌,
있는 그대로의 인간으로 보도록,
힘없는 자들의 외침에 마음을 닫지 않도록,
우리를 도와주십시오.

주님, 우리가 지닌 것 때문에
우리 자신이 우월감을 지니지 않게 해 주시고

우리의 이웃이 지니지 못했다고 하여 그들을 무시하지 않게 해 주십시오.
주님, 우리에게 인간에 대한 경외를 가르쳐 주십시오,
우리가 가장 보잘것없어 보이는 사람에게조차
당신의 현존이 머무르심을 깨닫게 해 주십시오.

주님, 인간의 지님과 능력으로 인간을 판단하려는 유혹에 우리가 빠지지 않게 해 주십시오.
우리가 지닌 모든 것을 한 순간 잃을지라도 여전히 우리는 무한한 가치를 지닌 존재라는 것을 배우게 해 주십시오.
주님, 우리의 가난함으로부터 우리를 너그러운 그리고 따뜻한
인간이 되게 해 주십시오.
우리의 눈을 열어 주시어 진리를 볼 수 있게 해 주십시오.

주님, 우리의 진정한 부는 바로 우리의 참 인간을 아는 진리입니다.
우리의 위대함의 척도는 우리의 열망입니다.
우리의 마음이 이기심과 두려움에 사로잡히지 않고
참 인간을 위하여 우리에게 주어진 무엇인가를 추구하려는 열망입니다.

주님, 이 위대한 지혜를 위하여 기도하고 갈망합니다.

귀한 아이들

참 어여쁜
아이들입니다.

참 귀한
아이들입니다.

이 아이들이
잘 자랄 수 있길

이 아이들이
잘 사랑할 수 있길

내가 먼저
사랑해야겠습니다..

12. 주님과의 대화

주님, 우리에게 당신과 이야기를 나누는 법을 가르쳐 주십시오.
우리 마음을 어떻게 열어 당신께 보여 드려야 할지 가르쳐 주십시오.
우리 마음은 마치 소란스러운 장터 같습니다.
당신과 만나는 은밀한 사원을 짓지 않는다면,
우리 마음 안에는 당신 사랑의 말씀을 들을 수 있는
모퉁이 하나 찾을 수 없습니다.

주님, 우리는 사원으로 들어가서 거기서 기다립니다.
당신께 마음을 열어 들으렵니다.
주님, 당신이 함께 머무심을 우리는 느끼는 때가 있습니다.
당신 가까이서 고요와 평온을 느끼기도 합니다.
하나 때로는 당신이 우리에게서 멀리 떠나가신 것처럼

생각되는 그런 날들이 있습니다.
주님, 기도는 다만 무겁고 지겨운 일처럼,
먼 옛적의 의례처럼
의미 없는 공허한 말의 나열처럼 보이는
그런 날들이 있습니다.
우리에게 당신의 부드러운 손길을
느낄 수 있는 지혜를 주십시오.
우리가 새롭게 힘을 얻고 치유되기 위하여
시간이 필요합니다.
주님, 언제나 우리를 부드럽게 바라보시는 당신의 얼굴,
그 얼굴을 우리에게서 감추지 마십시오.

주님, 당신 앞에 왔습니다.
당신은 우리가 체험하는 모든 것 안에 함께 계시며
삶에서 참으로 소중한 것을 우리에게 가르쳐 주시기에
당신 앞에 왔습니다.
주님, 당신의 눈은 우리를 바라보십니다.
그 눈을 응시하기 위하여 우리에게 고요하게 침잠하는 법을
가르쳐 주십시오.

주님, 당신의 사랑이라는 거울을 비추어

우리가 누구인지, 우리가 무엇을 원하는지 보렵니다.
우리 마음이 당신의 목소리에 귀 기울이는 법을
가르쳐 주십시오.
주님, 당신의 강하면서 부드러운 사랑의 손길로
지금 다시 새롭게 해 주십시오.
주님, 우리의 눈이 감추어진 당신 선물의 자취를 찾아 당황할 때
우리의 마음이 당신과 함께 머물게 해 주십시오.

13. 사랑하는 사람을 위한 기도

주님, 아침에는 당신 사랑으로 우리를 채워 주십시오.
기뻐 뛰며 우리에게 주어진 이날을 감사하게 해 주십시오.
이 흐르는 순간에도
당신 사랑이 우리를 기다리시기에
우리는 기쁨과 행복으로 넘칩니다.
주님, 당신 사랑에 대해 감사를 드리며
당신 사랑을 생생하게 느끼게 해
준 사람들에 대해 감사를 드립니다
특별히, 우리에 대한 그의 사랑에 대해,
그에 대한 저의 사랑에 대해
감사를 드립니다.

주님, 우리 안에 있는,
우리 주변에 있는 모든 아름다움에 대해

주님, 당신께서 저를 위해 마련하신
이 아름다운 여정에 대해 감사를 드립니다.
내내 당신의 말씀이 우리의 여정을 위한 등불이 되게 해 주십시오.
당신의 사랑이 우리의 강함의 근원이 되게 해 주십시오.
당신의 팔이 온갖 악에서 우리를 지켜 주십시오.
주님, 우리가 오늘 만나는 한 사람 한 사람에게서
당신을 만나고 사랑할 수 있게 해 주십시오.

주님, 우리 마음에 타오르는 열정으로
진리를 찾게 해 주십시오.
우리가 사랑하는 모든 이를 위해,
이 세상을 위해서도 같은 은총을 청하오니, 들어 주십시오.
우리는 당신 안에 저의 신뢰를 두게 해 주십시오.
우리가 온전히 당신께 속하는 까닭입니다.
당신 눈에 소중한 존재로 여기시어
우리와 우리가 사랑하는 사람들을 지켜 주십시오.

14. 죽은 이를 위한 기도

주님, 우리의 눈물을 기도로 받아 주십시오.
우리를 지켜주시고 우리에게 힘을 주십시오.
지금의 이 마음을 어떻게 당신께 표현할 수 있는지
말을 찾지 못하겠습니다.
주님, 당신은 우리의 절규를 들으시기 위해
말을 필요로 하지 않으십니다.
우리와 함께 있어 주시고, 우리 손을 잡아 주십시오.

주님, 우리는 겁이 나고 외롭습니다.
물론 죽음이 언젠가 우리를 갈라놓으리라는 것을
알고 있었습니다.
그러나 그 시간이 다가온 지금 사별의 고통이
이토록 처절할 줄을 몰랐습니다.
우리들의 분신이 죽었습니다.

우리는 다만 우리의 그림자처럼 느껴집니다.
주님, 그를 당신의 사랑스러운 품에 받아 주십시오.
우리가 그토록 사랑한 그이지만,
이제 당신과 함께 있는 것이
더 낫다는 것을 우리가 알게 해 주십시오.

주님, 그가 염원한 모든 것을 우리는 드릴 수 없었습니다.
당신은 하실 수 있으십니다.
우리가 이 진리를 받아들이고
그 안에서 다시 기쁨을 찾도록 도와주십시오.
우리 자신에게 말해주려고 애씁니다.
죽음은 끝이 아니라 단지 건너감이라고,
영원한 삶과 형언할 수 없는 영광으로 가는 길일 뿐이라고
말입니다.
우리는 그것을 볼 수도 잡을 수도 없습니다.

주님, 우리는 다만 인간일 뿐,
고통스럽고 외로운 작은 인간일 뿐입니다.
우리가 바라다볼 수 있는 것은 저희의 눈높이일 뿐,
그 너머에서 빛나는 빛은 아닙니다.
우리가 희망을 가지고 신뢰하며

당신의 뜻을 받아들이려고 애쓰는 이때,
우리의 믿음을 강하게 해 주시고 용기를 주십시오.
우리가 서로 나누었던 사랑에 대해 감사를 드립니다.
우리가 서로에게 남겼던 상처들에 대해 용서를 청합니다
우리는 모든 것을, 삶과 죽음과 영원을 받아들입니다.

주님, 모든 것이 당신의 자비에서 나오는 넘치는
선물들인 까닭입니다.
당신의 팔을 펼쳐 우리의 어깨를 둘러 주십시오.
당신이 우리를 위로해 주십시오.
우리의 눈물을 바라보십시오!
우리의 절규를 들으십시오!
우리의 고통을 희망으로 우리의 외로움을 지혜로
우리의 두려움을 새날을 위한 새 힘으로 바꾸어 주십시오.

주님, 그의 죽음에서 우리의 죽음을 준비하도록 가르쳐 주십시오
우리의 삶의 나날들을 감사로 채우는 법을 가르쳐 주십시오.
우리가 알아듣지 못할 때조차도
당신이 우리에게 해 주신 모든 것은 사랑입니다.
주님, 우리는 굳이 알아들으려고도 애쓰지도 않았습니다.

주님, 이제 희망을, 힘을, 평온함을 당신께 청합니다.
우리의 이 눈물을 받아 주십시오.
이것이 지금 우리가 지닌 전부입니다.
주님, 우리를 축복해 주십시오!
우리에게 희망을 주십시오!
우리의 슬픔으로부터 우리와 우리가 사랑하는 남은 사람들을 위한
새 삶을 주십시오.

15. 치유의 기도

주님, 우리에게 힘을 주십시오.
주님, 우리는 병들어 고통 중에 신음하고 있습니다.
주님, 우리를 도와주십시오.
우리는 기를 잃어 아무것도 할 힘이 없습니다.
이 병고가
우리에게 다른 사람의 도움이 절실하다는 것을 가르쳐 주었습니다.
우리가 가야 하는 인생의 여정에 예상할 수 없는
굴곡이 있다는 것도 가르쳐 주었습니다.

주님, 병들어 고통을 체험하고서야 건강이 당신의 선물임을
당연하게 여길 수 없는 당신의 축복임을 깨닫게 됩니다.
당신께 몸과 마음의 건강에 대해 감사드립니다.
기억력과 감각에 대해, 육체와 영혼의 힘에 대해 감사드립

니다.

때때로 찾아오는 병에 대해서도 당신께 찬미를 드립니다.
그것이 당신의 선물들을 감사할 줄 아는 법을 가르치고,
병자와 노인들을 이해하는 마음을 심어주기 때문입니다.

주님, 절망하지 않고 고통을 감내하며 용기를 잃지 않고 병을 마주하며
소박함과 감사함으로 다른 사람의 간호를 받아들일 수 있도록
우리에게 굳셈과 평온을 주십시오.
우리가 너무 까다로워 대하기 어려운 환자이거나
언제나 병의 징후들을 걱정하여 다른 사람을 어둡게 하는 우울증 환자가 되지 않게 해 주십시오.
주님, 우리 자신을 위해 무엇을 할 수 있는지를 가르쳐 주시며
다른 사람들이 우리보다 더 잘할 수 있는 것은
그들이 하도록 맡길 수 있는 풋풋한 아량을 주십시오.

주님, 우리의 고통과 외로움과 불안을 당신께 맡겨드립니다.
우리에게 힘을 주십시오.
우리에게 위로를 주시고 홀로 버려두지 마십시오.

우리보다 더 고통받고 있는 사람들을 위하여 기도합니다.
주님, 가족도 친지도 돌볼 이 없는 환자들,
시한부 인생을 살아가는 죽음을 앞에 둔 이들,
무의촌 환자와 의료 혜택을 받을 수 없는 가난한 이들,
외로움에 지친 사람들을 위해 기도하게 해 주십시오.

주님, 우리와 우리를 돌보는 사람들과 우리의 아픔을 걱정해 주는
사랑하는 사람들을 당신이 축복해 주십시오.
우리가 건강을 회복할 수 있도록
보이지 않는 곳에서 일하는 이들,
새로운 약을 연구하는 사람들,
의사와 간호사를 당신이 축복해 주십시오.

주님, 우리의 병고와 우리가 받는 치료와 간호를 통해
보다 연민을 느낄 줄 아는 인간애를 지닌 사람이 되게 해 주십시오.
건강의 소중함을 배우게 해 주시고,
필요할 때 쉴 줄 아는 지혜를 가르쳐 주십시오.
우리에게 힘을 주시고 우리를 치유해 주십시오.
우리에게 평화를 주십시오!

몸과 마음이 치유되도록 당신의 은총을 우리에게 주십시오.

마음만은

크지 않습니다.
그래도 괜찮나요?

넓지도 않아요.
정말 괜찮겠어요?

마음만은
하늘입니다.

마음만은
맑음입니다.

당신과 함께라.

16. 배우는 자의 기도

주님, 우리가 배움을 더해 갈수록 느끼는 것은 제가 무지하다는 것,
우리가 배울 수 있는 영역들이 얼마나 무한한가를 모르고 있다는 것입니다.
배움이 깊어 갈수록 깨우치게 되는 것은
지식이라는 나무의 가지들이 그리도 무성하고
그리도 오묘하게 뻗어 있다는 것이며
일생을 통해 배운다 해도 우리는 여전히 초보자라는 것입니다.

주님, 우리에게 지혜롭게 깨우치고 배워야 하는 분야들을 잘 터득할 수 있도록
당신께서 우리를 가르쳐 주십시오.
결코, 실망하거나 싫증내어 배움을 포기하지 않도록

도와주십시오.
우리가 배울 수 있다는 것,
배움을 통해 성장할 수 있다는 것이
얼마나 행운인지를 잊지 않도록 도와주십시오.
우리가 배움을 소중히 하고,
우리가 얼마나 무지한가를 깨우치도록 지혜를 주십시오.

주님, 터무니없는 야망을 지니지 않고
다만 근면할 수 있도록
우리를 도와주십시오.
성공이라는 물신을 숭배하지 아니하고,
다만 최선을 다할 수 있도록
주어진 일들의 바른 순서를 찾으며
주어진 재능을 올바르게 사용하는 법을
우리에게 가르쳐 주십시오.
우리가 유혹을 거부하며 흐트러짐을 보이지 않으며
진리 앞에서 겸손하며
재능에서 처지는 사람들에게
너그러울 수 있는 강한 사람이 되게 해 주십시오.

주님, 우리가 배우는 것보다 더 무한한 것을 볼 수 있는,

우리 개인적인 성공보다
더 위대한 것을 볼 수 있는 넓은 안목을 주십시오.
우리가 주어진 기회들을 은혜로이 이용하고
주어진 재능들을 감사하게 계발시키며
배우는 것을 진리와 정의를 추구하는 일에
쓸 수 있도록 가르쳐 주십시오.
우리가 일생을 통해 배움을 멈추지 않게 해 주십시오.

주님, 아무리 많이 배울지라도 항상 발견해야 하는
새로운 세계가 있다는 것을
우리는 알고 있습니다.
우리가 삶 그 자체로부터 배울 수 있도록
모든 사람을 스승으로 삼을 수 있도록
그리하여 당신이 비추시는 빛을 외면하지 않도록
우리를 지혜롭고 강하게 해 주십시오.

17. 자유를 위한 기도

주님, 당신께 감사를 드립니다.

자유에 대한 이 갈망에 대해 당신께 감사를 드립니다.

그것이 바로 당신의 선물인 까닭입니다.

우리에게 자유의 진정한 의미를 가르쳐 주십시오.

우리가 자유를 향해 나아가렵니다.

주님, 우리 자신을 묶어 놓는 수많은 타래를 우리에게 보여 주십시오.

우리를 노예로 만드는 고리들을 끊어 주십시오.

우리는 하나가 아닌 여러 폭군의 노예입니다.

두려움과 탐욕과 삐뚫어진 습관들의 노예,

강할 수 있을 때에도 약함 안으로 빠진 슬픈 노예입니다.

주님, 우리 안에서와 우리 주위에서 노예의 근성을 보게 해 주십시오.

우리를 묶고 있는 굴레들, 인간을 묶고 있는 굴레들,
죄에 깊이 뿌리내리고 있는 구조와 방법들을 봅니다.
우리에게 이것들로부터 진정한 자유를 얻는 방법을 보여 주십시오.
주님, 우리가 우리의 세계를 해방하는 일을 도와주십시오.
무관심의 습관을 깨뜨리는 용기를 우리에게 주십시오.
우리를 여러 형태의 비겁함과
자신을 눈멀게 하는 편견을 깨뜨리는 작업을 할 수 있게 도와주십시오.

주님, 우리의 과거라는 부당한 폭력으로부터
당신의 일을 무시하려는 우리의 아집으로부터
우리를 자유롭게 해 주십시오
주님, 우리를 내리누르는 습관이라는 무게로부터,
우리의 사고를 속박하는 강요로부터,
감옥을 만드는 애착으로부터,
우리를 자유롭게 해 주십시오.

주님, 우리를 희망과 자유의 채널이 되게 해 주십시오.
당신의 사랑이 늘 그러하듯이
자유를 향해 나래를 펴게 해 주십시오.

주님, 무지와 편견, 비겁과 압제
그리고 당신의 가족이 되지 못하게 하는,
모든 것을 부수기 위하여 우리가 함께 일할 수 있게 해 주
십시오.
결코 우리가 자유를 좁다란 자기 이익으로 축소하지도
우리 자신들을 위한 권리로만 주장하지도 않게 해 주십시오.

주님, 우리를 자유롭게 해 주십시오
진정 자유롭게 된다는 것의 의미,
무소유로부터도
소유로부터도 자유롭다는 것의 의미가 무엇인지 알게 해
주십시오.
독창성이 결여된 좁은 안목으로부터도
우리가 남의 추종자가 되도록 하려는 욕망으로부터도
우리를 자유롭게 해 주십시오.

주님, 우리를 자유롭게 해 주십시오!
자유롭게 되는,
자유를 위해 일하는 법을 우리에게 가르쳐 주십시오.
그것을 위해 고통을 감내하며
필요하다면, 기꺼이 죽을 수 있게 해 주십시오.

주님, 가장 고귀하고 최선의 것을
우리가 자유롭게 택할 수 있도록 해 주십시오.

주님, 이것이 바로 당신 자녀되는 자유임을
알게 해 주십시오.
당신의 자녀로서 우리는 당신이 우리에게 하도록 명하신
선을 하렵니다.
그것을 즐거이 완전한 자유로서 기꺼이 하렵니다.
주님, 우리는 하나의 세계를 위하여 일할 것입니다.
그곳에서 각자의 성스러운 권리를 존중하며
자유 안에서 더욱 증진하도록 촉구할 것입니다.

18. 기도할 마음이 내키지 않을 때

주님, 우리가 기도하고 싶은 마음이 내키지 않아
왜 그럴까? 생각해 봅니다.
우리가 입맛을 잃어 아무것도 당기지 않을 때
우리는 어디인가 몸에 고장이 났다는 것을 압니다.
주님, 우리가 기도하고 싶은 느낌이 일지 않을 때
그건 어떤 의미로 받아들여야 합니까?

주님, 우리가 당신께 다가가는 까닭은 무엇입니까?
우리의 단순한 습관 때문입니까?
우리가 무엇인가 필요하기 때문입니까?
아마도 우리가 알지 못하는 어떤 이유 때문입니다.
주님, 당신이 가장 바라시는 것은
어쩌면 우리의 기도가 아니라
착한 행위이리라 나름 가늠해 봅니다.

주님, 우리는 약한 인간 존재입니다.
그러나 당신이 사랑하도록 지으셨기에
당신께 소중한 존재임을 되뇌어봅니다.
잠시 기도는 접어두고, 당신께 넋두리를 하렵니다.
주님, 우리가 당신 눈에 넣어도 아프지 않을 만큼
당신께 귀한 존재입니까?
아니면, 그저 당신의 계명을 따를 때만,
우리에게 귀를 기울여 주십니까?

주님, 당신은 경건한 사람들, 당신께 기도하고,
당신께 말씀을 드리는 사람들만 사랑하십니까?
당신과 한마디 대화를 나누기 위해
우리가 독실한 느낌을 지녀야만 합니까?
주님, 대답해 주십시오.
우리 생각이 맞는지 알고 싶습니다.
우리의 물음은 기실 이미 답을 지니고 있습니다.

주님, 내키지 않는 마음은 당신이 아닌, 우리 탓입니다.
우리는 당신이 아닌,
전혀 엉뚱한 곳에서 사랑을 헤아리려 합니다.
주님, 찾기 전에 대답부터 들으려 합니다.

우리의 연모는 당신의 사랑처럼 무한한 것이 아니기에
당장 되돌아와야 합니다.
우리와는 너무나 다른 그 누군가에게
우리는 어떻게 말해야 할지 모르고 있습니다.

주님, 당신은 사랑이오, 지혜요, 힘이라고들 말합니다.
당신은 우리의 언어나 우리의 되뇌임이
필요하지 않으십니다.
당신은 우리가 우리를 아는 것보다
우리를 더 잘 알고 계십니다.
우리에게 필요한 의미와 대답을 찾도록
우리를 도와주십시오.
주님, 진정한 기도가 무엇인지 가르쳐 주십시오
우리가 누구인지 우리에게 보여 주십시오.

주님, 당신은 진정 우리가 그리는 당신입니까?
그분이 당신이 아닙니까?
그러면 당신은 누구십니까?
우리는 당신을 어떻게 찾을 수 있습니까?
저는 당신이 우리 편이라고 즐겨 생각합니다.
당신의 도우심이 우리 삶을 풍요롭고 복되게 하여 주십시오.

기도와 믿음이 이런 일들에 대한 것이라면,
주님, 우리에게 어떻게 기도해야 하는지를 가르쳐 주십시오.

그저 이렇게

더 큰 무엇을,
더 큰 누군가를,
위해서가 아닙니다.

당신이 귀해서,
당신을 위해서,

내민 손입니다.

그대,
행복하소서.

그대,
사랑이소서.

19. 축하의 기도

주님, 이 기쁨이 넘치는 날에 당신께 감사를 드립니다.
우리가 함께 나누는 기억들과 오늘 우리가 함께 만나는 친구들,
그들과 함께 있다는 기쁨을 누리며
당신이 주신 건강에 대해 감사를 드립니다.
주님, 이 만남의 자리에서 당신 사랑의 정취를 음미하게 해 주십시오.
우리를 서로 더 가깝게 묶어주시고,
매일 우리가 받는 헤아릴 수 없이
많은 선물에 대해 감사드리게 해 주십시오.

주님, 오늘 여기 함께 모이게 해 주심에 감사를 드립니다.
함께 있다는 것만으로도 우리를 행복하게 해 주는
사랑하는 이 사람들에 대해 감사를 드립니다.

비록 올 수는 없었지만,
마음으로 이 자리에 함께하고 있는 사람들에 대해서도
감사를 드립니다.
주님, 이날을 사랑과 정성으로 마련한 모든 사람을 위하여
기도드립니다.
주님, 우리는 당신의 이름으로 함께 모였습니다.
기쁜 마음으로 함께 축제를 즐길 것이며 감사한 마음으로
헤어질 것입니다.
가까이에서나 멀리에서나 서로 격려하게 해 주십시오.
진실하고 영원한 사랑으로 서로 축하하게 해 주십시오.

20. 이 세상만큼 넓은 마음을 위하여

주님, 이 고요 안으로 당신은 우리를 초대하십니다.
우리의 마음을 당신 자녀들에게로 향해 열라 하십니다.
당신과 함께 있는 이 맑은 고요가 우리를 변화시킵니다.
주님, 우리가 당신을 닮기를 원합니다.
그리하여 이 세상의 염원들이 바로 우리의 것이 되기를 원합니다.
주님, 모든 세계로, 미지의 나라, 작은 도시, 먼 마을
모든 곳에 있는 사람들과 어린아이들에게로
사랑의 손길을 내밀기를 원합니다.

주님, 우리가 이해하는 사람들과 알지 못하는 사람들,
우리가 가깝게 느끼는 사람들과 멀리 있는 사람들에게도
사랑의 손길을 내밀기를 원합니다.
주님, 당신의 모든 자녀를 사랑하시는 어느 누구도

미워하거나 경멸하지 않는 법을 배우게 해 주십시오.
당신이 바라보시듯, 세계를 바라보는 법을 가르쳐 주십시오.
주님, 마음에 지닌 좋은 생각을 우리에게 주십시오.

주님, 바로 행동으로 옮기는 용기 있고
지혜로운 사랑을 주십시오.
주님, 우리를 예의 속에 감추어진 무심으로부터
구해 주십시오.
열정 안에 숨겨진 미움으로부터,
새로운 것에 우리를 열지 않으려는 편견으로부터
구해 주십시오.
주님, 다른 사람을 우리와 같은 인간으로 보는 법을
배우게 하시며,
미움의 파도에 거스르는 법을 배우게 해 주십시오.

주님, 다른 사람들을 우리의 방법으로 묶어두려 하지 않되,
사랑으로 하나가 되는 당신의 가족으로서
일치를 이루는 법을 터득하게 해 주십시오.
주님, 불신과 불의의 장벽을 넘어서서
우리가 대우받기를 바라는 대로
다른 사람들을 대우하는 법을 배우게 해 주십시오.

21. 기쁨의 기도

주님, 우리는 오늘 행복감으로 넘칩니다!
기쁨으로 가슴이 터질 것 같습니다!
살아 있다는 이 느낌, 우리는 환히 웃습니다!
주님, 우리 눈에 눈물이 가득 고이고,
기쁨으로 입이 다물어지지 않으며
얼굴이 붉게 상기되어 오릅니다

주님, 우리는 아이처럼 소리치고 싶습니다!
주님, 이 절정의 순간이 모든 것을 너무나 가볍게,
너무나 쉽게 하여 줍니다.
주님, 우리에게 당신은 참으로 좋으신 분입니다!
삶이 아름다움으로 빛나고, 살아 있다는 것이 경이롭습니다!
주님, 이 느낌이 영원히 지속되기를,
삶의 매 순간이 넘치는 기쁨으로 채워지기를

우리가 얼마나 염원하는지요?

주님, 당신께 기쁨이라는 선물을 주심에 감사드립니다.
주님, 황홀감의 절정을 느끼게 해 주심에 감사드립니다.
주님, 우리를 치유해 주시고,
우리에게 가슴 가득 뿌듯함을 안겨 주심에
천상의 환희를 미리 맛보게 해 주심에 당신께 감사드립니다.
주님, 침묵의 바닷가에서 당신 앞에 서 있습니다.
당신 사랑의 물결이 우리를 씻어 주고 닦아 줍니다.
이제 기쁨이 우리의 두꺼운 벽을 무너뜨리게 하렵니다.
당신은 무게를 달지 않고 주시는 침묵의 수혜자이십니다.

주님, 당신을 우리에게 보여주시기에 감사드립니다.
저의 사랑, 저의 기쁨, 저의 무한한 행복이신 분이십니다.
주님, 이 찬란한 순간을 주심에 감사드립니다.
당신이 주시는 기쁨이라는 부드러운 낙수로
우리 마음의 수줍은 벽을 허물어뜨리심에 감사드립니다.
이 세상에 안주하기에 너무나 크고,
당신께 잊혀지기에 너무나 소중하게 저를 지으셨기에
감사를 드립니다.

주님, 우리 가슴에 담기에 당신은 너무나 크신 분이십니다.
우리가 느끼는 이 기쁨은, 단지 당신이 저를 어루만지시는
손길의 작은 표시입니다.
주님, 다시 우리를 어루만지시고,
우리를 세상 안에 보내 주십시오.
표징이 되어 당신의 기쁨을 전하겠습니다.

22. 감사의 기도

주님, 당신께 은혜를 입은 것이 너무 많기에
우리가 어디에서부터 시작해야 할지 모르겠습니다.
당신의 친절은 밤하늘의 별들,
그 누가 수를 헤아릴 수 있겠습니까?
당신께 우리가 살아있음과 감사드립니다.
우리가 살아있음과 감사를 드릴 수 있음에,
당신께 감사드립니다.

주님, 우리가 지닌 모든 것과 저의 존재에 대해
감사드립니다.
당신은 어떤 감사도 바라지 않으십니다.
바로 그것, 조건 없이 우리를 사랑하심과 받아들이심에 대해
당신께 감사드립니다.
주님, 사랑은 모든 것을 줄 수 있을 만큼 완전하다는 것,

대가로 어떤 것을 요구하지 않으며 준다는 것,
그것이 우리의 작은 인간적 안목을 넘어서는 것입니다.
무슨 말씀을 드려 당신께 감사를 표현해야 할지 모릅니다.
우리 마음 안에서 우러나오는 것이라면,
어떤 말도 당신께 족합니다.

주님, 당신은 어떤 희생 제물도, 아첨의 말도, 경탄할 언어도
찬미의 미사여구도 원하지 않으십니다.
당신께 드릴 수 있는 것이라고는 아무것도 없고
당신께 보답해 드릴 아무 방법도 없습니다.
당신, 그대 이름은 사랑입니다.
우리의 기쁨을 보시며 기뻐하시고,
우리에게 선을 베푸시며 즐거워하십니다.

주님, 당신은 가까이 서서 기다리시며
선을 베푸시고자 열망하십니다.
당신께 감사를 드리는 사람에게나
불평을 터뜨리는 사람에게나
햇살이 비껴오시는 당신의 이름은 사랑입니다.
우리가 당신께 찬미를 드리고 싶은 열정을 느낄 때,
우리의 어리석은 미사여구의 찬사로

당신을 사로잡으려 하지 않고,
당신의 부드러움이 넘치는 샘으로부터
더욱 풍성히 끌어올린 찬미가 되게 해 주십시오.

주님, 말로 다할 수 없는 사랑에 대해 당신께 감사드립니다.
당신께서 우리에게 무엇을 하셨는지,
당신께서 제게 무엇을 하실 것인지
당신 사랑이 하실 수 있는 것이 무엇인지조차
우리는 알지 못했습니다.
당신께 감사드립니다.
우리의 언어와 침묵과 감사로 넘치는 저의 존재를
받아 주십시오.
우리가 더없는 행복에 이르고,
당신 사랑이 우리 가슴에 넘쳐흘러
우리의 온 존재를 통해 흘러내리는 것,
이것이 당신이 우리에게 바라는 모두입니까?

주님, 고집불통이라 보지 못하는 우리를
당신이 사랑이시듯 사랑으로 만드시는 것,
이것이 우리에 대한 당신의 꿈이십니까?
당신 앞에 우리의 떨리는 가슴을

평온으로 진정하는 법을 가르쳐 주십시오.
주님, 당신 사랑스러우신 시선이 저를 향하시고
당신의 부드러우신 팔이 저를 안으시고
당신이 기다림 안에서 우리를 사랑하신다는 것입니다.

주님, 여기 지금 그것을 생각하며
우리는 얼마나 커다란 기쁨으로 설레이는지 모릅니다.
당신은 우리의 하느님, 우리의 사랑이십니다.
당신은 우리의 모든 것이신 분이십니다.
당신께 감사드립니다.
당신께 감사드리고자 하는
우리의 바람에 대해 감사드립니다.

23. 근심의 연원

주님, 우리는 근심에 싸여 있습니다.
두려워할 이유가 있는지도 모르면서
우리는 최악의 사태를 가상하며
흠칫 놀라는 우리의 모습을 봅니다.
주님, 때때로 의식하지도 못한 채
무서운 공포에 싸여 흘린 듯,
두려워하고 있는 우리를 발견합니다.

주님, 때로는 숱한 근심이 어깨를 짓눌러
우리가 그것을 어느 누구에게 말한다 해도
아무도 우리를 이해하지 못할 것이라고
아무도 우리를 좋아하지 않을 것이라고
우리는 근심에 싸입니다.
주님, 우리의 근심을 설명하려는 우리의 언어는

우리 자신에게조차 어리석은 산울림일 뿐입니다.

주님, 누군가의 사랑스러운 어깨 위에
우리의 근심을 벗어 놓을 수 있다면, 얼마나 좋을까요?
우리는 평화의 평온이 무엇인지 알기를 갈망합니다.
주님, 이때 우리는 깨닫습니다.
우리가 누군가에게 우리를 온전히 아는 누군가에게
말을 건네고 있다는 것을 우리는 깨닫습니다.

주님, 당신은 우리에 대해 전부를 알고 계십니다.
우리가 말하기도 전에 알고 계십니다.
당신은 우리의 내밀한 모습을 알고 계십니다.
당신은 우리의 깊은 원의와 근심의 연원을 알고 계십니다.
당신은 우리가 어떻게 우리를 자해하는지를 알고 계십니다.
주님, 우리가 치유되기 위해 무엇이 필요한지도 알고 계십니다.

주님, 당신은 우리의 하느님이십니다.
우리의 어머니요, 아버지요, 마음의 친구이십니다.
우리의 모든 것이 되어 주시기에 감사드립니다.
이 순간의 예지가 되어 주시기에 감사드립니다.

우리는 청할 필요조차 없음에도 불구하고 당신께 청합니다.
우리가 보지 못하는 것을 볼 수 있는 빛을 당신께 청합니다.

주님, 당신이 우리를 보는 것처럼,
우리를 바라볼 수 있는 눈을 당신께 청합니다.
당신의 손을 꼭 잡을 수 있는 지혜를 주십시오.
우리에게 무슨 일이 일어난다 해도
당신의 팔에 안겨 우리는 평온합니다.
당신의 눈에 제가 소중하고 사랑스럽기에
우리는 어떤 아픔도 감당하겠습니다.

주님, 당신의 은총으로 우리 자신을 바라보며
우리의 환상의 악령들을 쳐부수겠습니다.
우리 곁에 당신 계시기에
우리의 근심을 바로 바라보겠습니다.
주님, 우리의 시간이 너무 소중하고,
우리의 삶이 너무 짧기에 근심에 싸여 소일할 수는 없는
까닭입니다.

24. 기도에 대한 응답이 없다고 느낄 때

주님, 당신께서 듣지 않으신다고 느끼면서
당신에게 주절주절 말씀드리는 것이 무슨 소용이
있습니까?
주님, 우리는 들었습니다.
"구하라, 그러면, 얻으리라."라고.
우리는 구했습니다.
그런데 실망 이외에는 얻은 것이라고는 아무것도 없습니다.

주님, 왜 우리가 당신께 되풀이 말씀드려야 합니까?
우리가 당신께 말씀을 드리든지,
아니면, 그냥 당신을 무시하든지 무슨 차이가 있습니까?
주님, 당신이 정말 우리에게 무슨 일이 일어나는지
관심이나 있으십니까?
우리가 마음 아픈 것을 보시고 당신도 마음이 아프십니까?

아니면, 당신은 우리에게서 아주 멀리 계시니
당신에게는 하등 상관도 없으십니까?

주님, 우리가 잘못된 어떤 것을 구하고 있습니까?
주님, 당신께서 거절하시는 것입니까?
아니면, 우리가 아직 강물처럼 흐르는
당신의 축복을 받을 준비가 되어 있지 않기 때문입니까?
당신의 침묵을 통해서
우리에게 말씀하시고자 하시는 것이 무엇입니까?

주님, 다시 두드리며, 다시 구하고, 채근하렵니다.
주님, 우리는 당신의 아이, 당신은 우리에게 귀를
기울이셔야 합니다.
당신이 듣지 않으시면, 우리는 누구에게 가겠습니까?
당신보다 우리를 더 사랑하는 그 누가 있습니까?
당신께서 우리를 그토록 사랑하신다면,
왜 우리의 물음을 들어주지 않으십니까?

주님, 우리에게 가르쳐 주십시오.
어떻게 구해야 하는지,
무엇을 청해야 하는지를 가르쳐 주십시오.

우리 마음이 바른 길을 향하지 못하고 있다면,
우리에게 바른 길을 보여 주십시오.
우리가 어리석고 위험스러운 어떤 것을 추구하고 있다면,
그것들을 거두어 주십시오.

주님, 하오나, 우리가 청하는 것이 우리에게 선이라면,
들어주십시오.
지금 들어주십시오.
저의 기도를 들어주십시오.
우리는 기다림에, 오랜 기다림에 지쳤습니다.
당신은 귀머거리이십니까?
장님이십니까?
왜 돌보지 않으십니까?

주님, 돌보신다면, 보여 주십시오.
우리를 구해 주시고, 우리에게 응답해 주십시오.
우리의 기도를 들어주십시오.
우리의 청원을 들어 허락해 주십시오.
당신이 문을 여시어 제게 손을 내미실 때까지
우리는 문을 두드리고, 구하고, 채근하렵니다.

25. 당신께 향하게 하는 열정

주님, 당신께서 자신을 즐겨 숨기시는
어둠 속으로 우리의 손을 뻗쳐 봅니다.
당신 현존의 표징을 찾아 더듬어 봅니다.
주님, 당신이 거기 계십니까?
주님, 당신이 정말 거기 계십니까?
당신께 의탁하고, 당신께 말씀을 드리며
당신께서 원하시는 바를 따라 살고자 노력하는 것이
우리 자신을 기만하고 있는 것입니까?

주님, 우리는 당신 현존을 확신할 수 있기를 갈망합니다.
주님, 당신을 감촉할 수 있기를, 당신을 보고, 듣고,
느낄 수 있기를 갈망합니다.
주님, 때때로 당신을 거의 잊어버리고 사는 우리를
발견합니다.

주님, 마치 당신이 아니 계시는 것처럼,
제멋대로 사는 우리의 모습을 발견합니다.
주님, 당신께서는 우리에게 느낌을 보내십니다.
그 느낌을 통해, 우리가 당신 부르심에 응답하게 하시고자
보내십니다.

주님, 당신은 우리를 감동하게 하시고
마음을 휘저어 놓으시고,
보지 않고 믿게 만드십니다.
주님, 그 누구에게 증거가 필요합니까?
주님, 증거란 믿는 이에게는 한낱 쓰레기일 뿐입니다.
그리고 믿지 않는 이에게는 웃음거리일 뿐입니다.
우리가 원하는 것은 믿음뿐입니다.
그것은 기댈 수 있는 커다란 바위, 메아리치는 사랑,
헤아릴 수 없이 많은
우리의 물음에 대한 대답입니다.
우리가 필요한 것은 따뜻함과 빛,
우리를 끊임없이 당신께 향하게 하는 열정입니다.

주님, 우리가 신앙인입니까?
아마도 아직은 아닙니다.

우리가 비신앙인입니까?
아마도 아주 그렇다고 할 수는 없습니다.
주님, 이런 구별이 문제가 됩니까?
적어도 당신에게는 아닐 것입니다,
우리의 인간적인 언어와 추구, 우리의 짧고, 혼돈으로
점철된 여정에서
떠오르는 의문들이 우리가 지닌 모두입니다.

주님, 어떻게 당신께 말씀드려야 할지를
우리는 알지 못합니다.
우리가 해답을 찾았노라고 감히 생각하지 않습니다.
주님, 우리가 바른 질문들을 던지는지조차
확신할 수 없습니다.
다만, 생각하며, 추구하며, 믿으며
이 짧은 삶을 더듬거립니다.
주님, 그렇기에 우리의 어둡고 작은 우물의 바닥으로부터
믿음을 주시라고 당신께 부르짖습니다.
우리에게 의미를 주는 희망과 우리의 걸음을
이끄시는 손길과
우리가 참으로 속하는 고향에 대한 믿음 말입니다.

주님, 우리의 의심들, 우리의 물음들, 나름대로 해답들을
당신 앞에 내어놓습니다.
우리가 들은 수많은 의견과 내면에서 일렁이는 상반된
주장들을
무엇보다도, 우리의 침묵을 당신 앞에 내어놓습니다.
주님, 우리의 침묵 안에서 당신을 찾게 하여 주십시오.
주님, 우리의 말이 당신의 소리를 심연으로 빠뜨리지 않게
하여 주십시오.
우리의 말과 침묵 모두가 당신을 향한 우리의 탐색이며
추구입니다

주님, 당신이 우리를 기다리신다는 것을 알게 하여 주십시오.
우리의 마음이 끊임없이 움직일 때에도
주님, 우리가 조용한 휴식을 취할 때에도
우리를 자신에게서 끌어내어
당신을 향해 가도록 우리의 발길을 돌리게 하신 분은
당신이십니다.
우리의 근원이시며 목적이시며, 이름도 없는 하느님이신
당신이십니다,
주님, 당신을 찾을 때, 우리에게 쉼이 찾아들 것입니다.
주님, 당신을 찾으리라 생각조차 아니 했던 곳에서 당신을

찾도록
우리의 마음의 눈을 뜨게 해 주십시오.

주님, 아, 그렇습니다.
이제 우리는 당신은 내내 우리와 함께 계셨다는 것을 봅니다,
아니, 보기 시작했습니다.
우리는 당신은 이러해야 하리라고 환상을 쫓고 있었습니다.
이제 우리에게 물음은 끝났습니다.
주님, 여기 말이 필요하지 않고 당신이 계십니다.
이 흘러가고 있는 삶의 순간 안에 당신을 찾을 필요가
없습니다.

주님, 멀리 떠나 있었던 것은 우리였습니다.
당신께서 저를 찾으시고자 여기 오셨습니다,
당신의 손을 잡고 우리가 속하는 곳에 머물게 해 주십시오.
당신이 우리가 가야 하는 곳으로 우리를 끌어 주십시오.
우리가 보고자 갈망하는 것을 우리에게 보여 주십시오.
주님, 당신께서 속하는 곳에 우리가 머물게 해 주십시오.
주님, 당신께서 가신 곳으로 우리를 끌어 주십시오.
주님, 당신께서 갈망하는 것을 우리에게 보여 주십시오.

26. 용서하는 법을 배우기

주님, 당신과 닮게 하는 모든 선물 가운데
가장 당신의 모습을 지닌 것은 이것입니다.
우리가 용서할 수 있는 힘과,
악의 유혹을 뿌리칠 수 있는 힘을 지녔다는 것입니다.
우리가 분노가 솟구치고 있음을 인정하되,
그것을 삭힐 수 있는 힘과
설령, 그것이 여전히 기억의 잔영에 머물지라도
용서를 택할 수 있는 힘을 지녔다는 그것입니다.

주님, 당신은 우리에게 짐짓 화가 나지 않은 척하기를
바라지 않으십니다.
당신은 우리의 분노를 아시기 때문입니다.
당신은 우리에게 우리의 감정을 부인하기를 요구하지
않으십니다.

당신은 우리에게 다만, 용서하기를 바라십니다.
우리 자신이 용서받았기에,
한없이 관대하게 용서받았기에 용서하기를 바라십니다.
헤아릴 수 없이 당신은 저를 용서하셨고 치유해 주셨습니다.
우리가 마땅한 응보를 받는다면,
우리는 허공 속에 티끌이 되어 우리 존재조차 사라져 버릴 것입니다.
우리의 삶이 바로 당신의 선물이며 감당할 수 없는 순연한 은총입니다.

주님, 기억할 수 없으리만큼 죄게 걸려 넘어진 우리입니다
때로는 당신에게서,
때로는 남들에게서 사랑 가득한 용서를 체험했습니다.
높다라니 앉아 형제,
자매를 판단하고 있는 우리는 도대체 누구입니까?
누가 옳고 누가 그르다고 가리려 하는, 우리는 도대체
누구입니까?
주님, 하지만 우리에게는 복수심을 불태우는
분노의 나날들이 있음을,
우리에게 상처를 입힌 자들을 깨부수고 싶은,
유혹의 나날들이 있음을 고백합니다.

우리가 지닌 분노는 남들이 쉽게 알아채지 못하는 태풍의 눈입니다,
휘몰아치는 우리의 격정에 우리도 흠칫 놀랍니다.

주님, 남들에게 때로는 당신에게조차도
발끈하여 식식거리고는
우리가 사랑하는 이들을 미워한 우리 자신을 미워합니다.
주님, 우리에게 소중한 사람들에게 화를 낸 것이 부끄러워 당신께 청하오니,
우리의 인간적 약함에 당신 축복의 손길을 얹어 주십시오.
우리의 상처가 곪지 않도록 치유해 주십시오.
주님, 당신께 청하오니,
상처보다 더 강한 사랑을 제게 주십시오.
우리에게 고통을 준 바로 그 사람들을 사랑할 수 있도록 하여 주십시오.

주님, 우리가 짐승보다 우월함은 여기, 용서함에 있습니다.
우리가 인간의 본성을 발견하는 장소는
여기, 바로 용서할 수 있는 힘이 있는 곳입니다.
우리가 용서하며 화해하는 사랑이 우리가 진정 누구인가를 보여줍니다.

주님, 우리는 하느님의 힘과 향기를 담은 질그릇이라는
것을 보여 주십시오.
주님, 우리를 더 속속들이 인간이 되게 해 주십시오.
주님, 당신께 더 가까이 다가서도록 우리를 이끌어 주십시오.
주님, 우리의 마음으로부터 우러나오는
용서의 기쁨을 맛볼 수 있게 해 주십시오.

27. 모든 선과 아름다운 것들

주님, 당신은 우리에게 오늘도 새로운 날을 주심에
감사드립니다.
주님, 우리를 사랑하고 돌보아 주는 사람들에 대해
우리 존재의 경이로움에 대해 당신께 감사를 드립니다.
주님, 우리의 영혼과 육체라는 신비로운 선물에 대해
우리가 누리는 모든 선과 아름다운 것들에
우리를 강하게 해 주는 시련들에 대해서도
당신께 감사를 드립니다.

주님, 이날의 매 순간이 최선의 시간이 되도록
우리를 도와주십시오.
주님, 두려움과 이기심과 탐욕으로부터
우리를 구해 주십시오.
주님, 우리가 받는 사랑을 만끽하며, 기쁨과 너그러운

마음으로
우리의 사랑을 나누도록 우리를 도와주십시오.
주님, 오늘 우리 때문에 마음 아파하는 사람이 없게 해
주십시오.
주님, 우리의 탐욕 때문에 주리는 사람이 없게 해 주십시오.
주님, 우리가 함께 있어주지 않았기 때문에
외로운 사람이 없게 해 주십시오.

주님, 우리를 찾는 사람들에게 우리 마음을 열게 해
주십시오.
주님, 오늘 강함과 기쁨과 사랑을 통해 성장을 체험하게 해
주십시오.
주님, 우리가 진실하고 고귀하고 순수한 것을 추구하게 해
주십시오.
주님, 당신 안에서 이날을 시작하고 마치게 해 주십시오.
주님, 우리 삶의 오솔길을 걸으며,
외로워하지 않게 해 주십시오.
당신의 사랑과 당신의 현존과 당신의 지켜주심에 감사를
드립니다.
당신의 눈동자로 우리를 지켜주심에 감사를 드립니다.

28. 뜨거운 감정의 언어

주님, 이 감정을 우리가 다스리게 하여 주십시오.
주님, 우리에게 분노가 솟구쳐 오릅니다.
주님, 우리가 거의 제어할 수 없을 만큼 분노가 솟구쳐
오릅니다.
주님, 우리가 무슨 일을 저지를까 두렵습니다.
주님, 우리가 이토록 화가 치밀 줄은,
예전에는 미처 몰랐습니다.
우리의 감정의 골이 이토록 깊음에, 우리도 흠칫 놀랍니다.
우리의 온몸이 분노로 끓어오름을 느낍니다
우리는 땀이 나고 온몸이 부들거리고,
목소리가 마구 떨립니다.

주님, 우리는 부드러운 언어 뒤로 자신을 숨길 수가
없습니다.

주님, 우리는 도저히 온화한 미소를 지을 수가 없습니다.
우리가 몸 밖으로 드러내지 않고 분노를 식힐 수 있으면 좋으련만.
주님, 우리가 마음 깊은 속에서 절규할 수 있다면!
주님, 여기 당신 앞에 우리가 내놓을 수 있는 것은
분노와 타오르는 격정뿐입니다.
우리는 이 격분을 얼굴에 드러내지 않으려고 안간힘을 씁니다.

주님, 적어도 당신에게는 우리가 평온을 가장할 필요도
우리의 뜨거운 감정의 몸짓을 부정할 필요도 없습니다.
부드럽고 경건한 언어로 감명을 주려고 애쓸 필요도
조용히 하라는 말을 들을 필요도 없습니다.
주님, 표현할 수 없으리만큼, 언어에 담을 수 없으리만큼
화가 솟구치고 분노가 밀려오는 것을 그대로 받아 주십시오.
주님, 우리를 있는 그대로 받아 주십시오.

주님, 당신께 분노를 퍼부었던 사람들을 받아들이셨듯이
우리 마음의 상처를 어루만져 주시고 치유해 주십시오.
우리가 타인과 자신에게 상처를 주지 않도록 보호해 주시고
우리가 어리석은 결정을 내리지 않도록 살펴 주십시오.

주님, 당신 사랑의 손길을 우리에게 얹어 주십시오.
주님, 우리가 거부의 몸짓을 할 때조차도
우리가 평온과 고요를 되찾을 때까지 기다려 주십시오.

주님, 우리가 머무르는 곳에서 우리를 만나 주심에
감사드립니다.
주님, 우리를 있는 그대로 사랑하여 주심에 감사드립니다.
주님, 우리의 분노, 우리의 혼돈, 우리의 눈물,
우리의 죄의식을
받아들여 주심에 감사드립니다.
주님, 당신의 크신 연민 안에 우리를 안아 주시고 치유해
주십시오.
주님, 마치 당신의 마음처럼,
우리의 마음을 부드럽고 고요하게 가다듬어 주십시오.

29. 격정의 파도 소리

주님, 우리의 무거운 마음으로,
깊은 염원의 등성이에서 당신 앞에 왔습니다.
주님, 우리의 산산이 부서지는 이 느낌,
염원 가득한 침묵의 소리를
깊은 갈망을 느낍니다.
주님, 사방에서 죄어오는 압박감에 지친 우리의 모습을
봅니다.
우리 안에 일고 있는 격정의 파도 소리를 들으며
이 격정도 평온과 더불어 우리의 분신임을 봅니다.
주님, 격정과 염원과 약함과 죄의식도 우리가 누구인지를
말해주는
우리의 참모습의 부분들임을 봅니다.

주님, 결의에 차기보다는 격정에 휩싸이곤 하는 우리입니다.

공손한 언어로 예의를 차리기에는
우리의 염원이 너무나 절실합니다.
우리를 우리라고 규정지을 수 있는
분명한 것은 아무것도 없습니다.
주님, 우리는 결코 우리의 역할의 어느 하나에
담길 수 없습니다.
우리 자신에게조차 우리가 모순덩어리임을 압니다.
우리의 염원은 등성이 너머 하늘에 맞닿아 있고,
우리의 내밀한 열망의 깊이는 심연에까지 이릅니다.

주님, 우리의 마음을 이끄는 힘은 이름 부르기에
너무 많아 셀 수 없습니다.
주님, 우리가 얼키고 설킨 삶의 실타래를 풀 수 있다면!
우리가 우리 아닌 그 누구이고 싶은 원의를 지울 수 있다면!
주님, 우리의 끝없는 물음에 답해 줄 치유자를 만날 수
있을 것입니까?
주님, 우리의 혼돈의 구름을 걷어 줄 누군가의 얼굴을
그려 봅니다.
우리가 참으로 누구인지를 말해주고 우리에게 자신감을
심어줄 그 누군가를.
주님, 당신이 바로 그 치유자이십니다.

주님, 당신이 바로 그 구원자이십니다.
우리는 어느 것에도 놀라지 않습니다.
주님, 당신을 밀어낼 힘도, 당신을 놀라게 할 어떤 것도
우리에게는 없습니다.
우리가 느끼고 꿈꾸는 모든 것, 바로 바라보기 두려워하는
것조차도,
우리의 눈에는 새로운 아름다움으로 보입니다.

주님, 당신이 우리를 지으셨고
우리 안에 있는 모든 것이 당신 손길인 까닭입니다.
당신은 손수 지으신 모든 것을 결코 부끄럽게 하지
않으십니다.
당신이 우리를 사랑하시는 것처럼,
우리가 우리를 사랑할 수 있게 해 주십시오.
당신의 사랑은 참아 주고 용서하는 고요함과 해학의
사랑입니다.
당신의 응시에서 우리는 서서히 진리를 보게 될 것입니다.
주님, 당신이 우리를 놀라울 만큼 훌륭하게 지으셨기에
우리가 지닌 모든 것이 소중하고 아름답다는 진리를 보게
될 것입니다.
주님, 당신께 감사드립니다.

당신이 우리를 지으셨기에,
그 놀라운 신비 안에 즐겨 당신 자신을 감추시기에
우리는 당신께 감사드립니다.

희망을 안고

설령,
모두가 끝났다 말해도.

그래도 우리에겐
희망이 있지.

설령,
모두가 떠나 혼자라도.

그래도 나에겐
남아 있는 이가 있지.

함께하는 이와 희망이 있어
나 여기서 행복할 수 있습니다.

30. 지식인을 위한 기도

주님, 지식이라는
우리는 작은 촛불을 밝히고 희미한 불빛 아래에서
몇 가지 점들을 알아챕니다.
우리는 그것들을 바라보며,
그것들 위에 있는 어떤 것을 보고자 애씁니다.
주님, 우리는 호기심이 일고 매혹되고, 경이에 빠져듭니다.
주님, 우리가 끌어모았던, 지식이라는 낟알 하나하나에,
처녀지의 아름다운 해변이 펼쳐져 있습니다.
주님, 우리는 마치 주웠던
작은 조약돌을 손에서 놓아버리는 아이와 같습니다.
주님, 우리에게 산은 너무 높고 바다는 너무 깊습니다.

주님, 우리가 지식이라고 부르는 이 작은 한 줌의 낟알들이
우리가 잡을 수 있는 전부입니다.

주님, 우리는 우리가 왜 살아 있는지, 언제 죽게 될 것인지
알지 못합니다.
주님, 우리는 종이 위의 이 표식들이 어떻게 생각으로
옮겨지고,
그것들이 우리를 어떻게 변화시키는지 알지 못합니다.
주님, 세상이 생겨날 때, 우리가 거기 있지 않았으며
우리는 시간이라는 신비를 움켜잡을 수 없습니다.
우리에게는 이 순간도 이미 가버렸습니다.
우리는 그것을 정지시킬 수 없습니다.

주님, 우리는 당신이 누구신지도,
당신이 우리를 얼마나 사랑하시는지도 모른다는 것을
우리는 압니다.
주님, 우리는 풀잎을 초록으로 만드는 것이 무엇인지
알지 못하며,
우리는 진흙과 햇볕이 어떻게 장미를 꽃피우는지를
알지 못합니다.
우리는 우리 머리 안에 얼마나 많은 생각들이
머물고 있는지 알지 못합니다.
주님, 우리가 얼마나 사랑할 수 있는지는 더욱이 모릅니다.
하늘을 흐르는 은하수와 작은 손톱 끝이 모두 신비스러운

선물들입니다.

주님, 장난스러운 연인이시여.
당신은 왜 우리에게 끝없는 질문을 퍼붓는 정신을
주셨습니까?
당신은 왜 보물을 숨기시고 우리에게 찾으라고 하십니까?
우리는 우리가 안다고 말할 때조차도 실은 알지 못합니다.
우리가 안다고 말하는 사람들도, 다만 그들을 신뢰하는 것
일 뿐
그들이 정말 아는 것입니까?

주님, 우리는 끊임없이 무지라는 파도를 밀어내어
지식이라 부르는 작은 땅을 확보하려 애씁니다.
우리가 자축의 축배를 들려 할 때면, 새로운 바다,
새로운 지평선
멀리서 빛나는 별들이 보입니다.
주님, 당신의 세심한 이끄심 아래, 우리는 우리의 세계와
그것의 신비를 탐험합니다.
우리가 발견했노라고 자랑스러워하지만,
당신은 우리의 작은 업적을 기뻐하시며
당신 정원으로 향해 나 있는 다른 길을 보여주십니다.

주님, 우리는 우리가 발견한 모든 것은 단지 하나의 시작,
놀라운 출발이라는 것을 드디어 보기 시작합니다.

주님, 우리의 가장 위대한 발견은 우리 자신의 무한함입니다.
우리는 무한을 향해 쏘아진 화살인 까닭입니다.
우리의 여정은 끝이 없으며, 새로움은 바래지지 않으며
심장의 고동은 멈추지 않습니다.
주님, 우리가 알지 못한다는 것을 알고 있습니다.
주님, 당신께서 아신다는 것을 알고 있습니다.
내내 당신은 아셨고, 알고자 하는 갈증으로 우리를
유혹하셨습니다.
우리가 별들을 잡으려 손을 뻗을 때, 당신은 마음속 깊은 곳을 보도록
부드러운 빛을 비추어 주셨습니다.

주님, 우리는 무엇을 찾을 수 있는지,
우리가 진정 무엇을 추구하고 있는지 알지 못합니다.
주님, 우리가 알고 있는 것은 단편적인 대답들이
우리에게 충분하지 않다는 것입니다.
우리는 모든 것을 원합니다.
우리는 빛을 원합니다.

우리는 당신을 원합니다.

행복한 기분

엉킨 실을 풀어
작은 하트 하나
만들어 보았습니다.

엉킨 마음을 풀어
작은 아이 한 명
안아 보았습니다.

하늘이 달리 보입니다.
사람이 달리 보입니다.

이 기분을 행복이라
부르고 싶습니다.

31. 몸의 신비

주님, 우리가 무시해 버릴 수도,
벗어 버릴 수도 없는 어떤 것에 대해
당신에게 말씀드리고자 합니다.
바로 우리의 몸입니다.
주님, 우리의 몸은 쾌락과 고통, 근심과 자랑의 원인이고
당황스러움과 전율의 근원지입니다.
우리 몸의 작은 부분이 우리를 조금씩 괴롭힐 때까지는
우리는 그것의 복잡성을 알아차리지조차 못합니다.

주님, 우리는 당신 창조의 가장 복잡한 부분이
인간의 뇌라는 것에 놀랍니다.
주님, 우리는 몸의 미소한 세포마저도,
말할 수 없는 비밀을 지니고 있다는 것에 놀랍니다.
이제 겨우 우리가

어떻게 지어졌는지 조금 알기 시작했다는 것에 놀랍니다.
주님, 몸을 통해서 우리가 경험한 기쁨들을 생각합니다.
음식의 미각, 자연의 아름다움, 사물의 느낌,
벗의 친근함, 부드러운 보살핌, 기운을 돋우는 따스함,
그리고 말이 필요 없는 사랑의 만남이
몸을 통하여 우리에게 전해져 오는 것입니다.

주님, 우리가 체험했던 주림과 원망을 생각합니다.
이별의 쓰라림, 노동에 따르는 피로, 질병과 부상의 고통.
우리의 걱정과 의문들을 상기합니다.
주님, 우리가 질문을 던집니다.
우리는 사랑스러운가?
우리는 매력적인가?
우리는 너무 키가 크거나, 작거나,
우리는 뚱뚱하거나, 홀쭉하거나
얼굴이 검거나, 파리하지는 않은지요?
우리는 나이가 들어가면서 점점 매력을 잃어가지는
않는지요?
주님, 우리는 어떻게 고통을 직면할 것인지요?

주님, 우리에게 언급조차 회피하는 두려움이 있습니다.

그것은 우리는 어떻게 죽을 것인가?입니다.
주님, 우리 안에 있는 모든 것이
당신의 지혜와 사랑을 노래합니다.
우리 존재의 한 올 한 올이
우리에게 주신 당신의 선물입니다.

주님, 우리 안에 있는 것이나
다른 사람이 지닌 것에 나쁜 것이나 추한 것이란 없습니다.
다만, 사랑의 눈을 지닐 수 있다면, 당신께 나아가는데
우리의 몸을 통하지 아니한 다른 길은 없습니다.
주님, 몸이라는 존재로서 끌어안고 있지 아니한
그런 진리란 없습니다.

주님, 펜을 들고 있는 이 손, 이 눈, 이 얼굴이
바로 당신 사랑이 담긴 성사입니다.
그 사랑은 처음과 같이 항상 다른 사람의 그리고 우리의
몸을 통해
우리에게 왔습니다.
우리 어머니의 젖가슴과
우리를 잡은 손과 우리를 안은 팔과
우리의 눈을 들여다본 눈과 사랑의 밀어를 속삭인 입술을

통하여,

우리에게 왔습니다.

주님, 우리의 몸에 대해 경외심을 갖도록 가르쳐 주십시오.
그리하여 우리가 몸을 돌봄에 정성을 쏟게 해 주십시오.
주님, 누구에게라도 그의 몸 때문에 경시하거나 거부하지
않게 해 주십시오.
이 지상의 나그네 길이 끝날 때까지, 우리의 몸이
품위 있게 활동하도록 허락해 주십시오.
주님, 그날이 오면 우리가 알지 못하는 더 충만한 삶을 위해,
몸이 껴안을 수 있는 것보다 더 강한 일치를 준비하게 해
주십시오.

32. 수험생 어머니의 기도

주님, 수험생인 아들과 딸을 위해 기도드립니다.
지루하고 긴 준비의 시간이 가고 이제 결전의 시간이
다가왔습니다.
지난 일 년의 시간은 무거운 짐을 지고 허덕이던
시간이었습니다.
당신은 말씀하셨습니다.
"무거운 짐을 지고 허덕이는 사람들은 다 내게로 오라."고.
하여 이제 여기 당신 앞에 왔습니다.

주님, 우리를 위해서도 기도드립니다.
우리 마음을 위로해 주시고 부드럽게 안아주십시오.
지난 일 년 아이들을 바라보는 것만으로도
너무 안쓰러웠습니다.
수능시험이 끝나고 이 짐을 내려놓을 수 있다면

새처럼 훨훨 날을 수 있을 것 같습니다.
주님, 지난 일 년을 돌아보며 당신께 감사를 드립니다.
그토록 간절한 마음으로 당신께 매달리며 기도드린 적이
없었습니다.
당신을 가까이 느낄 수 있었던 시간에 대해 감사드립니다.
아이들과 더 가깝게 느낄 수 있었던 시간에 대해서도
감사드립니다.
엄마로서 함께하는 시간을 가질 수 있었던 것에
감사드립니다.

주님, 이제 이 결전의 시간을 맞아 아이들이 시험을 잘
보게 해 달라고,
아니, 실수 없이 있는 실력을 다 발휘하게 해달라고
간절한 마음으로 기도합니다.
그러나 이런 제 마음이 바른 길이 아니라면
우리에게 바른 길을 보여 주십시오.
우리가 청하는 것이 부당한 것이 아니라면
주님, 우리 간절한 마음을 보시고 꼭 들어주십시오.

주님, 이제 아이들을 당신께 맡깁니다.
당신이 곁에서 지켜주시고

차분한 마음으로 최선을 다하도록 이끌어주십시오.

쿵쿵 쿵

쿵쿵 쿵

넌의 심장 소리에
깜짝 놀랐습니다.

쿵쿵 쿵 울리는
넌의 심장 소리가
참 좋았습니다.

넌의 그 마음이
그대로 전해져
너무 행복했습니다.

쿵쿵 쿵

33. 주님의 기도 – 과거, 현재, 그리고 미래

주님, 당신은 우리에게 자주 한적한 곳으로 가셔서
기도하셨음을 알려 줍니다.
주님, 당신께서 어떤 곳에서 기도하고 계실 때,
제자 하나가 당신께 다가옵니다.
그가 요한이 그의 제자들에게 가르쳐 주었듯이
자기들에게도 기도를 가르쳐 달라고 청하자
당신께서 이렇게 기도하라고 하시며
'주님의 기도'를 가르쳐 주십니다.

주님, 당신께서 제자들의 청을 받아들여
기도문을 만들어 준 것이 바로 '주님의 기도'입니다.
제자들이란 다름 아닌 예수님을 따르는 사람들입니다.
우리 모두 주님을 따르니
'주님의 기도'는 바로 우리의 기도문이지요.

주님의 기도는 짧지만 참으로 놀랄 만큼
당신을 따르는 사람으로서 필요한 모든 것을
함축적으로 다 포함하고 있는 완전한 기도입니다.

주님, 우리가 정말 '주님의 기도'의 의미를
온전히 이해하면서 기도한다면,
하루에 단 한 번의 정성스러운 '주님의 기도'로도
우리는 사랑과 은혜로 충만한 삶을 살 수 있을 것입니다.
주님, 당신이 가르쳐 주신 '주님의 기도'는
우리가 하느님과 우리 인간과의 바른 관계를
생각하도록 이끌어준다는 것을 우리가 깨닫게 해 주십시오.

주님, 당신의 '주님의 기도'는 두 부분으로
나누어져 있습니다.
첫 부분은 먼저 하느님과 하느님의 이름,
당신의 영광과 관련된 청원이 들어 있고
둘째 부분은 우리 인간의 필요,
우리에게 관련된 청원이 들어 있습니다.
주님, 우리가 '주님의 기도'의 순서에 유념하게 해 주십시오.
하느님에 관한 부분이 먼저 오고,
그 다음에야 우리 인간에 대한 부분이 따름을 깨닫게 해

주십시오.
그 순서가 바뀌어서는 안 됩니다.
순서가 참으로 중요한 까닭은
하느님이 당연히 먼저이어야 하기도 하지만
함축적으로 내포하고 있는 의미도 있기 때문입니다.

주님, 기도는 바로 우리의 뜻이나 바람에다
하느님의 뜻을 꿰맞추는 어떤 것이 아니라
언제나 하느님의 뜻에 우리의 바람을 맞추어야 함을
우리가 깨닫게 해 주십시오.
주님, 우리가 하느님을 자동판매기로 여기지 않게 해 주십시오.
주님, 동전 몇 개를 넣었는데 왜 콜라가 안 나오느냐?
라고 따지는 것과 무엇이 다릅니까?

주님, 당신은 우리의 생각이나 바람을 모르시는 분이
아니지요.
당신은 우리와 다르신 분이라는 것을 깨닫게 해 주십시오.
당신은 더 멀리 더 넓게 보시는 분이십니다.
우리의 현재뿐만 아니라 우리의 미래를 꿰뚫고 계시는
분이십니다.

당신께서는 '주님의 기도'를 통해
우리가 어떻게 기도해야 하는지를 가르치십니다.
먼저 하느님의 이름이 거룩히 빛나시도록
당신께 영광을 드리고 당신의 나라가 임하시고
당신의 뜻이 이루어지도록 바라야 하는 것입니다.

주님, 당신을 어떻게 부릅니까?
우리는 하느님을 누구라고 부릅니까?
아버지라고 부릅니다.
아버지. 다정한 이름입니다.
당시 이스라엘 사람들에게 아버지는 어머니보다도
오히려 더 다정한 더 친근한 이름이었습니다.
아버지는 기꺼이 자녀들의 청을 들어주시는 분이십니다.

주님, 하느님이 아버지라면, 바로 우리의 아버지입니다.
주님, 당신께서는 '주님의 기도'를 주시면서
우리의 아버지라고 하셨습니다.
'주님의 기도' 전체에서 어디에도
'나'나 '나의' 또는 '내 것'이라는 말은 없습니다.

주님, 그 다음에 아버지의 이름이 거룩히 빛나시며. 입니다.

이스라엘 사람들이 이름이라고 할 때,
그 의미가 단순히 어떤 사람을 지칭하는 것이 아니라
그 사람의 사람됨, 인격, 성격, 특징 등을 나타내고 있습니다.
예컨대, 시편 9장에서
'당신의 이름을 아는 사람은 당신께 신뢰를 두는 이'라고
할 때,
그 의미는 '당신의 이름이 야훼라는 것을 아는 사람은'
이라는 뜻이 아니라
당신이 누구신지, 당신이 지니신 그 마음,
당신이 얼마나 위대하신지,
당신이 얼마나 좋으신 분이신지를 아는 사람이라는
뜻이지요.

주님, '주님의 기도'의 둘째 부분의 바로 우리의 필요,
우리의 바람에 대한 기도라는 것을 알게 해 주십시오.
이 부분의 아주 짧으면서도 우리 삶 전체를 포함합니다.
첫째는 날마다 우리에게 필요한 양식을 주시기를 청하는
것이지요.
우리가 유의해야 할 것은
우리가 앞으로 사는 데 필요한 충분한 양식을 달라고
청하는 것이 아닙니다.

오늘 우리에게 일용할 양식입니다.
오늘 하루 필요한 양식으로 족합니다.
내일 걱정은 내일로 미루라고 하셨습니다.

주님, 이 청은 우리의 현재를 온전히 하느님께 맡겨드리면서
당신의 자비를 청하는 것입니다.
두 번째는 무엇입니까?
'우리의 죄를 용서하시고' 우리가 기도할 때
진정으로 바라야 할 것은 용서입니다.
우리는 죄를 지으며 살아가는 약한 인간입니다.
주님, 당신 앞에 죄 없는 사람은 아무도 없습니다.
우리는 겸손한 마음으로
주님께 나아가서 우리의 잘못을 용서해 주시기를 청해야
합니다.

주님, 당신은 용서해 주시는 분이십니다.
이 부분은 바로 우리의 과거를 하느님께 온전히 내어놓고
당신의 처분을 바라는 태도를 지녀야 한다는 것을 함축하고
있습니다.
마지막으로 드리는 기도가
우리를 유혹에 빠지지 않게 해 달라는 것입니다.

우리는 우리의 미래를 온전히 당신께 맡겨드려야 합니다.
우리가 우리의 미래를 알 수가 없습니다.

주님, 우리의 삶 안에서 우리는 어떤 미래가 기다리고 있을지
아무도 알 수 없다는 것을 알게 해 주십시오.
주님, 다만 우리의 미래를 당신께 맡겨드리면서
어떤 유혹에도 빠지지 말고 선을 행할 수 있는 지혜와
힘과 용기를 청해야 하는 것임을 우리가 깨닫게 해 주십시오.
이와 같이 주님의 기도에는
우리의 현재, 과거, 미래의 삶 모두가 담겨 있습니다.

주님, 우리는 우리 삶의 어느 한 부분이 아니라
온전히 삶의 전부를 당신께 맡겨드려야 합니다.
주님, 당신이 우리 삶의 중심이 되어야 합니다.
당신을 우리 삶의 한쪽 구석에 모셔 놓았다가
다급할 때만 동전을 넣고 꺼내 쓰는
자동판매기로 만들어 드려서는 안 된다는 것을
우리가 알게 해 주십시오.
우리는 그분께 기도드릴 때 간절한 마음을 지녀야 합니다.
간절한 마음으로 우리가 청해야 할 것을 청해야 합니다.

주님, 당신은 구하면 받을 것이고, 찾으면 얻을 것이고,
두드리면 열리리라고 하셨습니다.
주님, 무엇을 구하고 무엇을 청해야 합니까?
바로 성령이십니다.
성령께서 우리의 마음을 아시고
우리가 필요한 것을 주십니다.
성 바오로는 우리에게 들려줍니다.
"성령께서는 연약한 우리를 도와주십니다.
어떻게 기도해야 할지도 모르는 우리를 대신해서
깊이 탄식하시며 주님께 간구해 주십니다."

주님, 우리 매일 정성이 담긴 마음으로
'주님의 기도'를 바치며 당신의 뜻이
우리 안에서 이루어지도록
우리의 현재, 과거, 미래를 온전히 주님께 맡겨드리게
해 주십시오.

34. 사랑

주님, 마치 은하수가 흐르듯
별빛이 쏟아지듯,
당신 사랑이 우리에게 쏟아지게 해 주십시오.

주님, 내를 이루고 강물로 흐르다가
바다에 이르면 구름이 피어오르고
다시 비가 되어 땅을 적셔주듯이
당신 사랑이 그렇게 순환운동을 반복하게 해 주십시오.

주님, 우리가 누군가를 사랑할 수 있는 연유는
사랑이신 당신의 힘이
우리 안으로 흘러왔기 때문임을 알게 해 주십시오.

주님, 우리 안에 흘러온 그 사랑이

우리 안에 머물게 하지 말게 해 주십시오.
주님, 우리 안에 차오른 사랑을
다른 이에게로 흘려보내게 해 주십시오.

한마음 한뜻

차 있던 목신
하나하나를
내려놓고,
한마음이 되었습니다.

품었던 목망
하나하나를
지워가며,
한뜻이 되었습니다.

그렇게 찾은
사랑입니다.
한마음 한뜻이 되어.

35. 콜베 신부님을 묵상하며 드리는 기도

주님, 사랑하는 콜베 신부님을 묵상하며 기도드립니다.
그는 사랑이 얼마나 위대한지를
우리에게 가르쳐 주셨습니다.
그는 한 사람 대신 죽음을 택함으로
사랑이 죽음보다도 더 강하다는 것을
온몸으로 증거하셨습니다.

주님, 그는 어린 시절
성모님께 받기를 원했던 두 개의 관,
순결과 순교의 관을 끝내
죽음을 택함으로 모두 받으셨습니다.
그가 알지 못하는 한 사람을 위해
대신 받으신 고통과 순교의 죽음은
한순간의 행동이 아니었습니다.

그는 순결을 사셨던 삶의 연장이었습니다.

주님, 그의 죽음보다 더 강했던 그 사랑의 순간을
우리가 묵상하려 하오니 도와주십시오.
그 절정의 순간을, 있었던 그대로
그가 바라보고 느끼도록 함께해 주십시오.
주님, 그가 사랑의 행동만이 아니라
그 사랑의 마음을 가슴 깊이 헤아리도록
우리들의 마음의 눈을 열어 주십시오.

주님, 결코 한번 내린 결정을 바꾸지 않는
수용소장의 결정을 바꾸게 했던
그의 겸손하고 부드러운 눈빛을,
우리도 느끼게 해 주십시오.
주님, 그가 목마름의 고통 때문에
지옥의 축소판으로 불린 아사 감방을
찬미 노래 부르는 성당으로 바꾸게 했던
그의 그 힘의 원천을 우리에게 가르쳐 주십시오.

주님, 마지막 순간까지 착한 목자로서
죽어가는 양떼를 돌보던

그의 고요하고 평화로운 모습을 바라보며
우리 사제 삶의 길을 가르쳐 주십시오.

작게 하나

큰 것을 생각하면,
엄두도 못 내지.

영원을 생각하면,
시작도 못하지.

작은 것 하나.
소박하게 하나.

그렇게 나누면 되고,
그렇게 사랑하면 된다.

36. 성령께 드리는 노래

성령님,
당신은 하느님의 숨결,
하느님의 얼이시며 영이시나니
창조의 힘, 생명의 근원입니다.

성령님, 당신은 창조 때에 물위를 휘도시던 분
때가 되자 마리아를 휘감으시어
강생의 신비를 이루셨나니
하느님이 인간이 되게 하신 분입니다.

성령님, 당신은 세례 때에
비둘기 모양으로 내려오시어
주님이 메시아이심을 깨닫게 하신 분이시나니
주님의 생애는 당신의 이끄심입니다.

성령님, 당신은 주님에게 하느님을 아빠, 아버지라
알려 주시어
우리도 하느님을 아버지라 부르게 하신 분입니다.
성령님, 이제 우리에게 오시어
우리 마음을 비우시고 새롭게 하십시오.
성령님, 당신은 빛과 어둠, 생명과 죽음 안에서
우리가 빛과 생명을 택하도록 이끄시나니
우리의 상담자이시며 위로자이십니다.

성령님, 당신은 어둠과 고통 안에서
우리가 참고 견디도록 격려하시고
용기를 주시나니
미풍으로 살랑이시는 바람이시며
투명한 물이 솟는 샘물이시며
어둠을 쳐부수시는 불꽃이십니다.

성령님, 당신은 우리 마음 안에 선물로서 오신 분
평화와 기쁨 안에서
주님과 일치를 이루시게 하시는 분
당신은 주님과의 일치 안에서
이웃과 일치시키며

2부 삶의 매 순간 아름다운 기도문

삶을 나누도록 이끄시는 분이어니
영원한 생명으로 가는 통로이십니다.

오소서, 성령님
우리의 닫힌 마음을 여시어
당신의 부드러운 목소리를 듣게 하시고
바른길로 이끌어 주십시오.

성령님, 당신은 인생의 여정에 빛을 비추어 주시고
우리가 삶에 지칠 때
당신의 따뜻한 손길을 펴시어 위로와 기쁨을 주십시오.

37. 사람은 사랑한 만큼 산다

주님, 시인 박용재는 그의 대표적인 시,
〈사람은 사랑한 만큼 산다〉에서
시 제목 그대로 "사람은 사랑한 만큼 산다."라고 읊었습니다.
"저 향기로운 꽃들을 사랑한 만큼,
저 아름다운 목소리의 새들을 사랑한 만큼,
숲을 온통 싱그러움으로 만드는 나무들을 사랑한 만큼
산다."라고 했습니다.

주님, 삶이란 무엇일까요?
주님, 사랑한 만큼 사는 게 삶이라는 박용재 시인의 말처럼,
결국 삶은 얼마만큼 사랑하느냐에 달려 있음을 깨닫게 해주십시오.
주님, 우리가 당신 앞에 서게 될 때,
당신은 우리에게 "왜 이런 잘못을 저질렀지?"라고 묻지 않

으시고,
"얼마만큼 진정으로 사랑을 베풀면서 살았는가?"라는
단 하나의 물음을 던지실 것임을 우리가 알게 해 주십시오.

주님, 당신께서는 우리가 진정한 삶을 살았는지,
단지 그것에만 관심이 있으실 것임을 우리가 알게 해
주십시오.
주님, 무엇이 진정한 삶입니까?
사랑이 없는 삶은 진정한 삶은 아닙니다.
사랑하는 만큼, 사랑할 수 있는 그 능력만큼 사는 것입니다.

주님, 우리는 왜 마음과 정신,
영혼의 충만함보다 물질적인 것들,
외적인 것들에 마음 쏟고 더 집착하는 것일까요?
우리는 사람들이 사랑의 가치를 모르기 때문이 아니라
사랑을 두려워하기 때문이라고 생각합니다.
주님은 사랑이시기에 인간이 하느님의 모상을 따라
창조되었다는
성 요한의 말씀은,
근원적으로 인간은 사랑으로 지음받은 존재라는 의미입니다.

주님, 사랑으로 지음받은 인간이기에
우리가 간절히 원하는 것은 사랑하고 사랑받는 일입니다.
역설적이게도 우리는 진정한 사랑이 무엇인지,
어떻게 사랑해야 하는지 잘 모릅니다.
주님, 우리가 상대에 대한 호감이나 매력,
친절을 사랑과 혼동하지 않게 해 주십시오.

주님, 사랑은 깨달음이라는 것을 우리가 알게 해 주십시오.
우리의 바람과 기대, 욕구,
상상 속에 있는 누군가를 사랑하는 것이 아니라,
지금 여기 우리와 함께 있는 사람을
있는 그대로 바라보고 받아들이는 깨달음임을 알게 해
주십시오.
주님, 우리가 그 진리를 깨달을 때,
우리는 상대의 외모나 물질, 매력이나 욕구의 대상
또는 어떤 관념 속의 사랑이 아닌 참사랑을 할 수 있고
또한 받을 수 있음을 깨닫게 해 주십시오.

주님, 사랑을 한다는 것은 상대를 있는
그대로 받아들이는 열린 마음임을 우리가 알게 해 주십시오.
우리가 있는 그대로 바라보는 능력은

그저 생겨나는 것이 아니라 수행을 통해서만 가능합니다.
사회심리학자인 에리히 프롬의 유명한 저서
〈The Art of Love〉에서 사랑은 예술이라고 했습니다.

주님, 예술이란, 끊임없는 정진을 통해 이루어짐을 깨닫게
해 주십시오.
사랑 또한 진정한 사랑을 하기 위해서는
끊임없는 노력이 필요하다는 것을 우리가 알게 해 주십시오.
주님, 사랑을 한다는 것은
먼저 상대를 있는 그대로 바라보는 것이기에
이것을 위해서 훈련이 필요하다는 것을 우리가 알게 해
주십시오.
때때로 사람들은 고통이 따르는 훈련을 하지 않고
사랑을 거저 얻으려고 합니다.

주님, 상대를 있는 그대로 바라보려는 노력 없이
우리가 사랑을 얻을 수 없음을 깨닫게 해 주십시오.
주님, 우리가 고통을 동반한 수행 없이
참사랑은 잘 생겨나지 않는다는 것을 알게 해 주십시오.
주님, 인간은 누구나 빈손으로 태어난 존재이지만,
빈 모습 그대로의 자신을 드러내는 것에 대해

어떤 두려움을 지니고 있음을 우리가 알게 해 주십시오.

주님, 우리는 그 두려움을 감추기 위해서
여러 가지 외적인 것으로 치장에 치장을 거듭합니다.
대개는 경제적인 능력과 학위, 권력이나 명예 등으로
자신을 실제보다 더 아름답고
위대해 보이도록 만들고 싶어합니다.

주님, 우리가 사랑과 관심을 받을 수 있는 길이
외적인 어떤 것이라고 생각하지만,
그것은 착각일 뿐만 아니라 유혹이며 함정임을 깨닫게 해 주십시오.
주님, 우리가 그런 유혹에 빠져들수록,
사랑 그 자체보다 사랑을 얻기 위한 수단에 더 집착하게 되고
함정에 깊숙히 빠지게 됨을 우리가 알게 해 주십시오.

주님, 우리는 물질적인 것에서 어떻게 벗어날 수 있을까요?
우리는 인간이 지닌 근원적인 문제를 똑바로 보아야 합니다.
끊임없이 밀려오는 두려움을 외면하지 말아야 합니다.
주님, 두려움은 단지 허상에 불과하다는 것을 깨닫게 해

주십시오.
불안, 불면 등 일상에서 다양한 모습으로 나타나는 두려움이
한낱 허상에 불과하다는 것을 알게 된다면
물질이나 외적인 능력이
사랑을 가져다주지 못한다는 것을 깨닫게 될 것입니다.

주님, 우리의 존재, 그 자체가 바로 사랑임을 가슴으로
느끼게 될 것입니다.
우리의 존재가 바로 사랑이기에 우리는 충분히 사랑받고
사랑할 수 있습니다.
주님, 두려움이 단지 허상이라는 것은 어떻게 알 수
있을까요?
주님, 우리는 기도와 성서묵상, 관상이라는 영적 수행이
필요합니다.
주님, 끊임없이 자기를 비우고 하느님께 의탁하는
영적 수련의 과정 없이는 불가능함을 우리가 알게 해
주십시오.

주님, 깨달음을 얻게 되면 내적인 자유와 기쁨을
체험할 수 있지만
거기에는 반드시 진통이 따르기 마련임을 우리가 알게 해

주십시오.
주님, 영적 수행을 통해서만이 두려움 없는 사랑을 할 수 있습니다.
성 요한은 이런 편지를 쓴 적이 있습니다.
사랑에는 두려움이 없습니다.
완전한 사랑은 두려움을 쫓아냅니다.
이 구절은 제가 사제서품 받을 때, 택한 성구이기도 합니다.

주님, 제가 사랑에 대한 두려움을 지니고 있었기 때문에 택한 것이지요.
성 요한의 "완전한 사랑은 두려움을 쫓아낸다."라는 말은
두려움이 허상이라는 것을 깨닫게 해 주고,
모든 이들은 사랑 안에 머물 수 있음을 의미합니다.
우리가 두려움 없이 서로 사랑할 수 있는 것은
우리 안에 흐르는 사랑의 에너지인 성령의 힘 때문입니다.

주님, 영적 수행을 통해 사랑의 에너지를 지닐 수 있으며,
진정으로 충만한 삶을 살 수 있게 됨을 우리가 알게 해 주십시오.
주님, 사랑을 얻기 위해 더 이상 물질이나 외적인 것으로
삶의 가치를 평가하지 않게 될 것임을 깨닫게 해 주십시오.

성령에게서 사랑의 에너지를 받으며 사랑하는 법을 배우는
일은 일생을 통한 삶의 과정입니다.

주님, 사랑하는 법도 성령께 마음을 열고
의탁하는 영적 수행을 통해 익혀야 함을 우리가 알게 해 주십시오.
신비신학자 에크하르트는 이런 사랑의 과정을
'하느님의 숨'이라는 성서적 이미지를 사용하여 아름답게
표현했습니다.
"우리 영혼 안의 사랑이 더 클수록
 성령이 영혼에 불어넣어 주시는 숨은 더욱 강해진다.
그 불꽃은 더욱 완벽한 모습을 이룬다.
성령께서 그 불꽃 위에 점점 강한 숨을 불어넣어 주신다."

주님, 그는 사랑하는 법을 배우는 과정은
불꽃이 천천히 우리 안에서 타오르는 것이라고 합니다.
성령께서 조금씩 숨을 불어넣어 주실 때
우리의 내면에서는 사랑의 불꽃이 서서히 타오르게 됩니다.
마음을 비우고 성령께 의탁하고
그분께 마음을 여는 수행을 계속해 나갈 때
두려움은 더 이상 존재하지 않는 허상임을

깨닫게 될 것입니다.

주님, 더 이상 외적인 것들, 물질이나 경제적인 부가
삶의 가치를 평가하는 척도가 될 수 없음을
깨닫게 해 주십시오.
삶의 진정한 가치는 오로지 사랑할 수 있는 힘과
사랑할 수 있는 능력에만 달려 있음을
우리가 알게 해 주십시오.

저자 **류해욱** 신부

1955년 충북 제천 출생으로 예수회에 입회하여 1991년 사제서품을 받았습니다. 서강대 교목실장, 미국 애틀란타 한인 천주교회 주임 신부, 예수회 '말씀의 집 원장', 가톨릭 성 빈센트 병원 원목 사제 등을 역임했습니다. 현재는 영적 지도와 피정 지도를 하고, 특별히 영혼이 지친 이들과 함께 섬김과 나눔의 삶을 꿈꾸고 있습니다.

'아주 특별한 순간', '토머스 머튼의 시간', '모든 것 안에서 그분과 함께' 등 다수의 책을 번역하였습니다. 시집 '그대 안에 사랑이 머물고'와 사진 묵상집 '물과 물결 그리고 하늘' 외 '예수님 품에 기대어', '바오로의 서간, 시 그리고 하느님' 등 35권의 책을 출간하였습니다.

그림 **배영길** 신부

예수회 신학원에서 기도하며 생활하고 있는 배영길 베드로 신부입니다.

햇살처럼 비켜오시는 사랑이신 분

초판 1쇄 인쇄 2025년 1월 16일
초판 1쇄 발행 2025년 1월 24일

지은이 류해욱 신부
그 림 배영길 신부
펴낸이 김재광
펴낸곳 솔과학
편 집 다락방
영 업 최회선
디자인 miro1970@hotmail.com
등 록 제02—140호 1997년 9월 22일
주 소 서울특별시 마포구 독막로 295번지 302호(염리동 삼부골든타워)
전 화 02)714—8655
팩 스 031)422—4656
E—mail solkwahak@hanmail.net

ISBN 979-11-92404-91-2 03230

ⓒ 솔과학, 2025
값 25,000원

이 책의 내용 전부 또는 일부를 이용하려면 반드시 저작권자와 도서출판 솔과학의 서면 동의를 받아야 합니다.